8°Z
1628
8-3)

Demoustier

BIBLIOTHÈQUE DES DAMES

(LETTRES A ÉMILIE)

(SUR)

LA MYTHOLOGIE

TOME TROISIÈME

PARIS
LIBRAIRIE DES BIBLIOPHILES
Rue Saint-Honoré, 338

M DCCC LXXXIII

BIBLIOTHÈQUE DES DAMES

VIII

LETTRES A ÉMILIE

SUR

LA MYTHOLOGIE

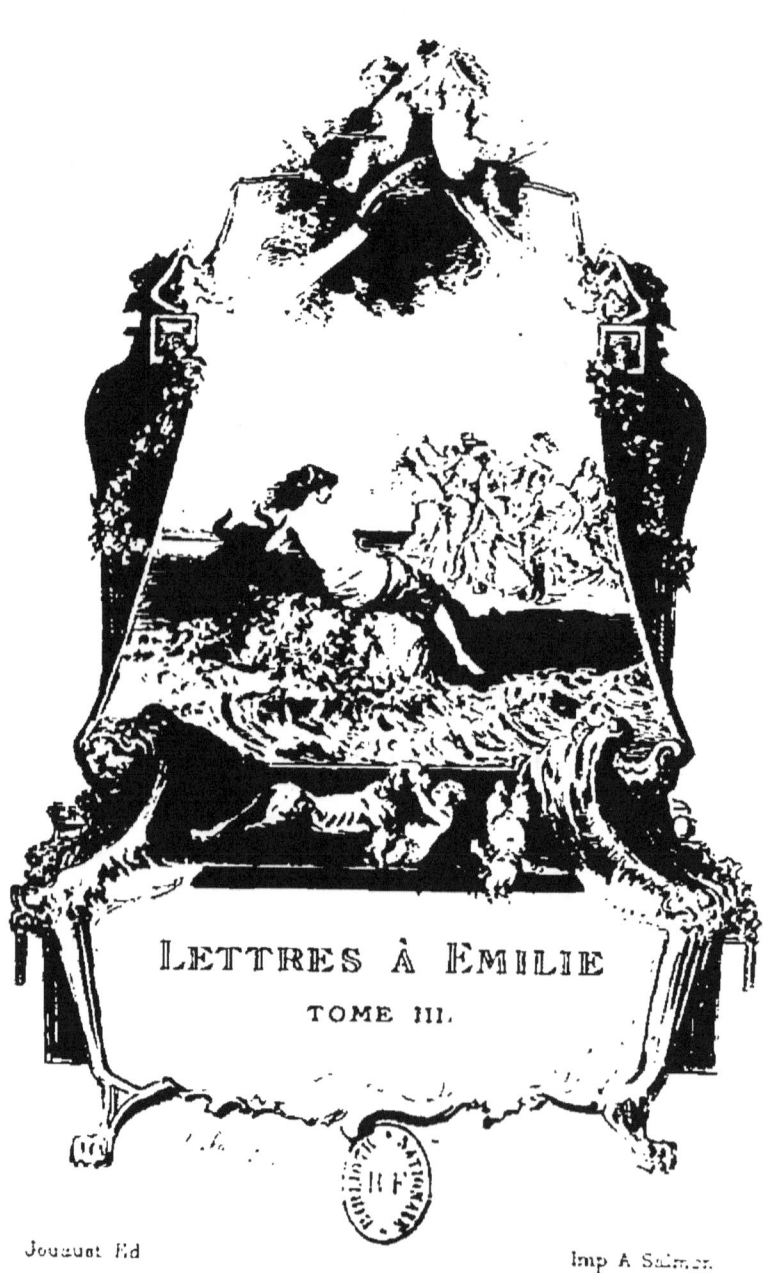

DEMOUSTIER

LETTRES A ÉMILIE

SUR

LA MYTHOLOGIE

AVEC UNE

PRÉFACE PAR PAUL LACROIX

Frontispices gravés par Lalauze

TOME TROISIÈME

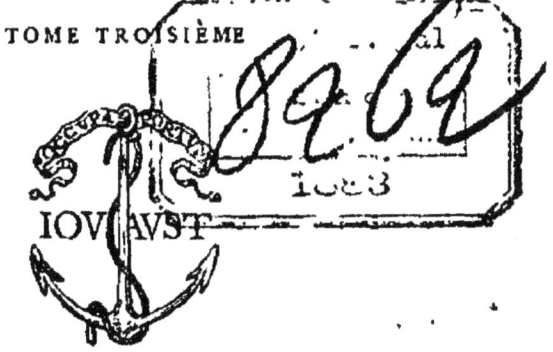

PARIS

LIBRAIRIE DES BIBLIOPHILES

Rue Saint-Honoré, 338

M DCCC LXXXIII

A ÉMILIE

Tout passe, mon aimable amie,
Tout s'évanouit sous les cieux;
Chaque instant varie à nos yeux
Le tableau mouvant de la vie.

Les êtres sur qui notre cœur
Avoit concentré sa tendresse,
Et fondé pour jamais l'espoir de son bonheur,
Nous sont ravis dès leur jeunesse;
Et le Temps jaloux ne nous laisse
Que les regrets et la douleur.

Mais quel homme sensible peut se persuader qu'il ne survit rien de l'être qui lui fut cher? Notre cœur se refuse à l'idée désespérante de ne retrouver jamais nos amis. Nous nous persuadons avec complaisance qu'ils ne sont qu'en voyage. Notre imagination sème de fleurs le chemin qu'elle leur fait parcourir; puis elle les fait reposer dans un séjour riant et champêtre, où, sous des ombrages paisibles, ils boivent à longs traits l'oubli de leurs peines passées, et nous attendent pour jouir avec eux d'un bonheur aussi pur que le jour céleste qui les éclaire. Ainsi, c'est à l'amitié peut-être que nous devons le premier sentiment de notre immortalité.

Heureux les vrais amis que l'éternité rassemble ! Plus heureux encore ceux qui, par une vie innocente et une tendre intimité, anticipent sur le bonheur de l'Élysée ! Ils jouissent, dans cette vie, des délices que l'on nous promet dans l'autre, et n'ont pas besoin de mourir pour arriver à la félicité.

  Je sens que ce tableau charmant
  Me ramène insensiblement
  A mon illusion chérie.

  Un jour, du fruit de mes travaux
  J'achèterai cette prairie ;
J'y planterai de jeunes arbrisseaux ;
J'enlacerai leurs têtes en berceaux
Pour ombrager le front de mon amie.

  J'élèverai, vers le midi,
A peu de frais, ma simple maisonnette
  Pour Émilie et son ami.
  De notre paisible retraite
  Nous verrons nos jeunes agneaux,
 Avec les fleurs, épars sur la verdure,
Se poursuivre, bondir et franchir les ruisseaux
  Dont nous entendrons le murmure.

  Riches de vertus et d'amour,
  Nos enfans viendront tour à tour

A ÉMILIE

Accroître encor notre opulence.
Les doux loisirs de leur enfance
De notre âge viril embelliront le cours ;
Les jours brillans de leur adolescence
Répandront leur éclat sur le soir de nos jours.

Contens de leur sort et du nôtre,
Sous notre toit paisible, en rendant grâce aux dieux,
Nous nous endormirons dans les bras l'un de l'autre,
Et d'innocentes mains nous fermeront les yeux.
Ainsi, par une route aisée,
Au vrai bonheur nous parviendrons ;
Et chez les morts quand nous arriverons,
Nous n'aurons fait que changer d'Élysée.

CINQUIÈME PARTIE

LETTRE LIX

LES ENFERS

Je vous préviens, Émilie, que nous allons faire ensemble le tour des Enfers.

Tout autre que vous, en partant pour ce voyage, auroit besoin de se munir d'un rameau d'or[1] pour fléchir la reine des morts, ou d'un gâteau pour endormir Cerbère ; mais ces précautions vous sont inutiles : montrez-vous, voilà votre passeport.

Cependant, avant de partir, couvrez-vous d'un

---

1. *Énéide,* liv. VI.

voile léger; la prudence l'exige plus encore que la modestie. En effet,

> Si Pluton, dans son palais noir,
> Voyoit à découvert votre beauté divine,
> En arrivant là-bas, nous pourrions bien avoir
> Quelque affaire avec Proserpine.

Or, c'est ce qu'il faut éviter. Voilà donc vos attraits voilés, et nous partons.

Ces champs et ces bois qui se découvrent à votre vue sont les terres de la Campanie. Au delà, près de cette montagne, voyez-vous, du milieu de ce lac bordé de cyprès, sortir par intervalles une fumée noire mêlée d'étincelles? Ce lac, dont les eaux sont mortelles, est voisin de l'Averne, antre sulfureux et sombre, qui vomit ces noirs torrens de vapeur infernale et par lequel on descend au séjour des morts.

Remarquez ces arbres dépouillés de verdure et ces oiseaux morts ou mourans, épars sur ces rives brûlantes. Tel est l'effet des exhalaisons du noir Tartare. L'être qui les respire respire la mort, et les arbres qui en sont atteints couvrent la terre de leurs feuilles desséchées;

> Mais de cette sombre vapeur
> Les atteintes pour vous ne seront point mortelles.
> Ne craignez rien : la vertu, la pudeur,
> Épurent l'air qui circule autour d'elles.

Déjà vous l'éprouvez, Émilie : à votre approche, la vapeur infernale se dissipe ; le gouffre cesse de vomir des flammes, et vous présente un chemin facile, quoiqu'un peu sombre.

> Dans ce chemin l'on ne voit goutte,
> Et nous allons voyager sans témoins.
> Soyez tranquille néanmoins :
> Nous ne trouverons pas de voleurs sur la route.

Ne remarquez-vous pas, en descendant, que le chemin tourne sur lui-même, et qu'il devient insensiblement plus incliné? Entrelacez votre bras avec le mien, et approchez-vous si près de moi que nous ne fassions qu'un pour mieux résister à la rapidité de la pente. Je sens votre haleine qui se précipite, votre sein qui se soulève, et votre cœur qui bat contre ma poitrine... Arrêtons un moment. Chaque pas, dans ces lieux, rappelle un touchant souvenir.

Hercule, d'un pas triomphant, traversa rapidement ces ténèbres, chargé du précieux fardeau d'Alceste qui s'étoit vouée au trépas pour son cher Admète, et remit la plus généreuse des épouses dans les bras du plus chéri des époux.

Ici le pieux Énée descendit, calme et intrépide, vers l'heureux séjour qu'habitent ses ancêtres, pour jouir de leur présence adorée, de leurs vertueux entretiens, et consulter leur sagesse sur les hautes destinées de son naissant empire.

Là, Orphée, profitant des ténèbres qui lui déroboient la vue fatale de sa chère Eurydice, la pressoit en silence contre son cœur palpitant. Mais, en arrivant aux portes du jour, un seul regard fit évanouir son bonheur, et l'ombre d'Eurydice redescendit, veuve et plaintive, vers l'avare Achéron, qui ne rendit plus sa proie.

Peut-être vous attendrirai-je quelque jour sur le sort de ces illustres infortunés! mais le temps fuit; avançons.

J'entrevois là-bas un jour foible et lugubre, et déjà je crois distinguer les rivages de l'Achéron bordé de peupliers. Hercule, avant de descendre aux enfers, se ceignit le front d'une branche de peuplier blanc; mais la fumée du Tartare noircit l'extérieur des feuilles, et, le héros, après avoir repassé le Styx, ayant planté cette branche sur les bords de l'Achéron, elle produisit ces peupliers, dont les feuilles, blanches d'un côté, offrent de l'autre un vert sombre et noirâtre.

L'Achéron n'a pas toujours coulé dans le séjour des morts. Fils du Soleil et de la Terre, il promenoit le cristal de ses ondes au milieu des bois et des prairies. Éclairé des regards paternels, il parcouroit les plus rians domaines de sa mère, mais il abusa de ces avantages et désaltéra les

Titans lorsqu'ils escaladèrent le ciel. Pour le punir de cette perfidie, les dieux le précipitèrent aux enfers, où il ne roule plus que des eaux fangeuses, qui vont se perdre dans le Styx.

Ce fleuve environne neuf fois les enfers. Ses eaux sont si âcres et si mordantes qu'elles rongent les plus durs métaux, et qu'aucun vase ne peut les contenir. Styx fut, dit-on, fille de l'Océan et de Téthys. Elle eut de l'Achéron une fille célèbre que l'on nomme la Victoire, et qui, depuis la naissance du monde, a fait la conquête de tous les pays et de tous les héros. Ses amans lui élevèrent plusieurs temples dans la Grèce et dans l'Italie. Voici les traits et les attributs qu'ils lui donnèrent, et avec lesquels on la représente encore aujourd'hui :

> Le front brillant d'une noble gaîté,
> Le bout du pied posé sur un globe mobile,
> La déesse, d'une aile agile,
> Vole vers l'immortalité.
> D'une main elle inscrit au Temple de Mémoire
> Le nom de ses amans ; l'autre offre le laurier
> Et la palme enlacée au paisible olivier,
> Pour nous prouver que la solide gloire
> Est le fruit de la Paix comme de la Victoire.

La foudre ayant brisé les ailes de la statue qu'on lui avoit élevée à Rome, Pompée, afin de rassurer le peuple sur cet événement, s'écria : « Romains, les dieux ont coupé les ailes à la Victoire ; elle ne peut plus nous échapper. » Mais revenons à sa mère.

Styx découvrit à Jupiter la conjuration des Titans réunis pour le détrôner. Le roi du ciel prévint leur complot, et la Victoire le seconda si bien que les Titans furent terrassés. Jupiter, pour récompenser le service de Styx et celui de sa fille, décréta éternellement que les dieux jureroient par son nom ; que ceux qui violeroient ce serment seroient exilés dix ans de la cour céleste, et privés du nectar et de l'ambroisie. Il paroît qu'il existe une exception pour les sermens amoureux, à cause du grand usage qu'en font les dieux, et même les mortels.

En tête-à-tête, les sermens
Donnent un maintien aux amans
Qui ne sauroient parler et n'oseroient se taire.
Rien n'est plus commun à la cour
Que d'entendre jurer l'Amour,
Surtout quand il n'a rien à faire.
Près de Junon, Jupiter, s'endormant,
Jure, en bâillant, d'être fidèle.
Le vieux Saturne galamment
Fait chaque soir à sa vieille Cybèle,
Par manière d'acquit, le même compliment.
Mars à la reine d'Idalie,
Pour nourrir l'entretien, jure de l'adorer.
Pour moi, près de vous, mon amie,
Je n'ai pas le temps de jurer.

LETTRE LX

CARON

Le vieux nocher qui, dans une frêle barque, sillonne les eaux du Styx, et va sans cesse d'un rivage à l'autre, est l'avare Caron, fils de l'Érèbe et de la Nuit. Son front chauve et ridé, sa barbe blanche et hérissée, ses yeux creusés par le temps, ses regards étincelans d'un feu sombre, ses membres décharnés mais nerveux, les noirs lambeaux épars sur les muscles de son corps desséché, inspirent en même temps le dégoût et l'effroi. Le sinistre vieillard, avant de transporter les morts sur le rivage des enfers, exige de chacun d'eux une obole au moins pour son passage. Chaque passager tire cette obole de sa bouche, où ses parens l'ont déposée avant de l'ensevelir, et la présente à l'avare nocher, qui examine si elle est de poids. Quelques arrivans lui présentent aussi un passeport conçu en ces termes : « Moi, soussigné... Pontife, atteste que le porteur a été de bonnes vie et mœurs; que ses mânes reposent en paix. » Caron accueille volontiers ceux qui lui présentent l'obole sans passeport, mais il répond à ceux qui lui présentent le passeport sans obole :

« Vous êtes vertueux ; moi, je suis obligeant.
  Payez-moi, sinon je vous raye.
Je vois là vos vertus, mais voyons votre argent ;
  L'honnête homme est celui qui paye. »

La barque du nocher des enfers n'est composée que d'écorces d'arbres. Cette contexture fragile suffit pour les passagers auxquels elle est destinée, car on sait que rien n'est plus léger que les esprits. Cependant il y a tel esprit de philosophe, de héros, de nouveau favori de Plutus, et même d'adorateur des Muses, qui seul pèse autant que deux corps : ainsi nous pouvons tous deux passer le Styx sans nul danger.

Approchons... Mais quelle ombre, en long manteau d'her-
  S'avance d'un air grave et doux ! [mine,
  Le doyen de la médecine !...
  Laissons-le passer ; j'imagine
  Qu'il doit avoir le pas sur nous.
Parmi les arrivans le nocher le remarque ;
  Il le salue et l'appelle à grands cris.
« Venez, Docteur, venez, vous passerez gratis,
  Dit-il en présentant sa barque.
  Ah ! combien vous avez fourni
  De voyageurs à ma messagerie !
Je vous rends grâce, et veux de ce voyage-ci
  Vous faire la galanterie. »

Le docteur s'embarque, et va joindre ses malades. Cependant j'aperçois une ombre plaintive qui, dépouillée de son linceul, se traine vers nous en gémissant. C'est un vieillard pauvre qui erre sur ce rivage, sans doute parce qu'il n'a pu payer à l'avare Caron l'obole qu'il exige de chaque passager. Payons, avec notre passage, celui de ce malheureux, et invitons-le à nous raconter ses infortunes durant la traversée. Hâtons-nous : car je vois déjà dans la barque un Égyptien, un Grec et un Romain. Emparons-nous des places qui restent, et faisons asseoir entre nous deux notre pauvre vieillard. La reconnoissance brille dans ses yeux; un long soupir annonce qu'il va parler ; écoutons :

LE VIEILLARD

J'ai vu le jour près de la superbe Memphis ; mes parens étoient pauvres et vertueux. Jeune encore, j'héritai de leurs vertus et de leur bonheur; mais dans la suite j'eus le malheur d'amasser des trésors. Les amis de mon opulence abusèrent de ma foiblesse, et, par des emprunts qui flattoient ma vanité, me réduisirent bientôt à la misère. J'étois né heureux et pauvre, je mourus pauvre et malheureux.

Mes enfans m'embaumèrent avec quelques parfums que des voisins charitables leur donnèrent par pitié, et mirent dans ma bouche la dernière obole qui leur restoit ; puis ils me portèrent sur les bords du lac *Achérusie*, où trois juges intègres firent un examen sévère de toute ma vie. Ils n'y trouvèrent que de la foiblesse et de la probité, et me déclarèrent digne des honneurs de la sépulture. Ainsi, tandis que l'on jetoit dans la fosse profonde du *Tartare*[1] le corps d'un de mes faux amis, condamné par les trois juges, le mien fut présenté au batelier *Querrou*, qui, en traversant le lac, transportoit les morts vertueux dans la plaine d'*Elisou*. Là, je devois être déposé dans un cercueil de pierre, et mes enfans, après avoir jeté trois fois du sable sur moi, devoient fermer ma tombe en me disant trois fois adieu. Mais, au moment où le nocher me recevoit dans sa barque, un créancier se présente et demande mon corps à mes juges, qui, suivant la loi, le lui abandonnent pour gage de sa créance. Aussitôt cet homme impitoyable m'emporte, me dépouille des bandelettes parfumées qui m'environnoient, et m'arrache de la bouche l'obole destinée à payer mon passage. Depuis ce temps, mon ombre, errante sur les bords du Styx, a subi le sort des criminels ou

---

1. Il est aisé de reconnoître dans ce récit le canevas historique de la fable des Enfers. On y retrouve le *Tartare*, *Achérusie* ou l'Achéron, *Querrou* ou Caron, *Elisou* ou l'Élysée, etc.

des infortunés que la loi ou la misère a privés des honneurs de la sépulture.

L'ÉGYPTIEN

J'habitois, comme vous, le riant climat de l'Égypte. Jeune encore, je me voyois caressé par l'Amour et favorisé par la Fortune. C'étoit trop de bonheur pour un mortel : la Parque trancha le fil brillant qui m'attachoit à la vie. Aussitôt ma jeune épouse, mes parens et mes amis se couvrirent d'habits d'un jaune livide pareil à celui de la feuille desséchée, emblème de notre courte existence. Durant quarante jours, ils se privèrent du bain; ils s'abstinrent des plaisirs de la table et des faveurs de l'hyménée. Quelques-uns de mes parens arrivèrent d'Éthiopie, vêtus de longs manteaux couleur de cendre. D'autres, qui habitoient les environs du mont Caucase, accompagnèrent ma pompe funèbre, couronnés de guirlandes, revêtus d'habits de fête, et précédés d'instrumens de musique, au son desquels ils dansoient et répétoient des chants d'allégresse. A ma naissance, ils avoient pris le deuil; ils se réjouissoient, à ma mort, de me voir affranchi de la vie.

Après l'arrêt des trois juges, qui me furent favorables, on acheva de m'embaumer, on me revêtit d'habits d'or et de soie, et je fus reporté en triomphe dans la maison paternelle. Là, mon corps, placé debout dans un cercueil découvert, est exposé sans cesse aux yeux de ma famille. Heureux si cette vue ne lui rappelle que des sentimens de tendresse et des exemples de vertus !

LE GREC

Pour moi, ma dépouille mortelle n'est point exposée aux regards de mes parens; mais elle repose honorablement dans la tombe des héros, et mon nom, gravé sur le bronze, est maintenant immortel.

Je suis mort sur mon bouclier en combattant pour mon pays. Lorsque mon corps entra dans les murs d'Athènes, ma patrie, mes concitoyens le couvrirent de parfums. Mes parens se coupèrent les cheveux et les jetèrent sur mon lit funèbre. Quelques-uns de mes amis, venus de Sparte, coupèrent aussi les crins de leurs chevaux et les dispersèrent sur mon passage. Ils ne me pleuroient pas; ils répétoient mes louanges. Les femmes suivoient, la tête couverte d'un voile blanc qui tomboit jusqu'à terre. Je fus ainsi porté sur un char de triomphe jusqu'au bout du faubourg Céramique, et déposé dans le glorieux monument qui renferme ce que les demi-dieux eurent de mortel.

LE ROMAIN

Que votre sort est digne d'envie ! Athènes révère votre tombeau ; Rome peut-être eût violé le mien, si, pour prévenir ce sacrilège [1], je n'eusse ordonné par mon testament que mon corps seroit brûlé sur un bûcher.

Hélas ! si le sort favorable m'eût fait naître dans l'obscurité, un sommeil tranquille eût terminé ma carrière, et ma mort eût été l'image de ma vie. Mes parens et mes voisins, après m'avoir fermé les yeux, m'auroient exposé sur le seuil de ma porte, vêtu d'une simple robe blanche et ombragé d'une branche de pin. Le troisième jour [2], ils m'auroient conduit, sans pompe, sur une bière découverte, jusqu'au lieu de ma sépulture. Là, recueillant dans de petites fioles [3] les larmes sincères qu'on ne verse que sur ses égaux, ils les auroient enfermées avec moi dans une tombe de pierre ou d'argile, et auroient placé à mes pieds une lampe allumée, emblème touchant de leur amitié, qui ne se fût pas éteinte à ma mort. C'est ainsi que je reposerois

---

[1]. Chez les premiers Romains on inhumoit les corps, et l'on prétend qu'on ne commença à les brûler qu'après que quelques tombeaux eurent été violés. Les citoyens obscurs, moins exposés à ces outrages, étoient presque toujours inhumés.

[2]. Les principaux citoyens étoient exposés sept jours, les autres beaucoup moins ; j'ai supposé ici trois jours, on peut supposer moins encore.

[3]. Ces fioles s'appellent *lacrymatoires*, du mot *lacryma*, larme.

dans une paisible obscurité; et lorsqu'un jour, ouvrant ma tombe modeste, nos neveux y verroient ces pieux monumens de l'amitié, ils s'écrieroient en versant des larmes : « Voici les cendres d'un heureux! »

Mais j'étois né pour les grandeurs; et la Fortune, en me plaçant tour à tour à la tête des armées et du sénat, me fit mille envieux et pas un ami. Quand je fus près d'expirer, un de mes parens me donna, suivant l'usage, le dernier baiser. Au moins s'il eût été sincère, mon dernier soupir en eût été plus doux. Dès que j'eus cessé de respirer, mes enfans me fermèrent la bouche et les yeux pour donner à ma mort l'apparence du sommeil. Bientôt une foule nombreuse environna mon lit; et, tandis que des musiciens sonnoient de la trompette, on m'appela trois fois à grands cris comme pour me réveiller; mais mon sommeil étoit éternel, et le réveil n'étoit sincèrement désiré de personne.

Dès qu'on se fut assuré de ma mort, les Libitinaires[1] remirent mon corps entre les mains des Pollincteurs, qui le lavèrent, l'embaumèrent et le revêtirent, pour la dernière fois, des vains ornemens de mes dignités passées. En cet état, je fus exposé durant sept jours, sous le vestibule de mon

---

1. Officiers publics chargés de la direction et de l'entreprise des funérailles.

palais. On m'avoit environné de cyprès, et deux jeunes prêtres, placés près de mon corps, en chassoient avec un voile les insectes attirés par les parfums ou par la corruption.

Le septième jour, dès le matin, un héraut proclama mon convoi dans les places publiques. Le peuple s'y rendit en foule. Les officiers et les sénateurs portèrent lentement mon lit funèbre, sur lequel je paroissois couronné de narcisses. Les soldats et les licteurs me précédoient, portant leurs armes et leurs faisceaux renversés.

A ma gauche marchoient deux[1] mimes, l'un en habit de consul, l'autre en habit de général. Ils représentoient mon air, ma démarche, mes gestes, et jusqu'à mes ridicules. Leur jeu, destiné à exciter la sensibilité de mes amis, faisoit sourire la malignité de mes envieux. A droite, une célèbre pleureuse, jouant au naturel tout ce que la douleur a de plus touchant, feignoit de s'arracher les cheveux, déchiroit ses vêtemens funèbres, poussoit des cris lamentables, et versoit des larmes vénales, les seules, hélas! qui coulent aux funérailles d'un consul. Mes fils, en longs habits noirs, ma femme et mes filles, en longs voiles blancs, suivoient, environnés de mes affranchis portant le bonnet de la

---

[1]. Le nombre des mimes n'étoit pas fixé. J'en ai supposé deux ici à cause de la double dignité du personnage.

liberté et de quelques cliens que j'avois défendus dans ma jeunesse. Une musique lugubre, accompagnée de chants funèbres, précédoit et suivoit la marche.

Environné de ce nombreux cortège, je fus déposé dans la place Romaine. Là, un orateur prononça mon éloge, mêlé de quelques louanges ironiques auxquelles le peuple applaudit avec transport. Enfin, mon convoi prit le chemin du champ de Mars.

Là s'élevoit un bûcher carré, composé d'ifs, de pins et de mélèzes, sur lequel je fus couché le visage tourné vers le ciel. Mon corps étoit enveloppé d'une toile d'amiante destinée à contenir mes cendres séparées de celles de mon bûcher. Avant qu'on y mît le feu, le parent qui, à l'instant de ma mort, m'avoit fermé les yeux, me les rouvrit afin que je regardasse le ciel pour la dernière fois, et me plaça sous la langue une obole destinée au nocher des enfers. Alors, mes parens, mes amis et mes affranchis s'étant détournés, les Vespillons allumèrent le bûcher.

A peine vit-on la flamme s'élever que les sanglots, les cris et la musique formèrent un concert discordant et lugubre. Les prêtres immolèrent un taureau et des agneaux noirs, qu'ils jetèrent sur mon bûcher pour apaiser mes mânes. On n'immola point d'esclaves comme au temps de nos pères;

mais des gladiateurs combattirent, et firent couler en mon honneur quelques gouttes de sang qu'ils avoient vendues à mes héritiers.

Quand le feu du bûcher fut presque éteint, les prêtres y jetèrent de l'encens et d'autres parfums. Ensuite ils recueillirent mes cendres et les débris de mes ossemens que l'amiante avoit conservés, les lavèrent avec du lait et du vin, et les renfermèrent dans une urne d'or couronnée de cyprès.

Aussitôt le grand prêtre, prenant un tison sur l'autel des sacrifices, l'éteignit dans un vase rempli d'eau[1]. Puis il plongea une branche d'olivier dans cette eau, dont il aspergea l'assemblée pour purifier tous ceux que mon attouchement, mon odeur ou mon aspect avoient souillés. Enfin, la première pleureuse ayant prononcé tristement ces mots : *Vous pouvez vous retirer,* mes parens s'écrièrent trois fois : *Adieu! quand le sort l'ordonnera, nous irons te rejoindre.*

Le jour suivant, on éleva sur les cendres de mon bûcher un petit autel de gazon, au-dessus duquel mon urne fut exposée. Là, ma famille, conduite par l'usage, vint jeter des fleurs et brûler de l'encens. Quelques athlètes combattirent, et mes parens formèrent des courses de chars, dont le but étoit mon

---

[1]. C'est ainsi que se faisoit l'eau lustrale, dans laquelle on jetoit quelquefois un peu de sel.

autel funèbre. Le peuple, attiré durant quelques jours par ces fêtes, s'assembla autour de mon urne, et s'entretint encore de moi. Mais, depuis que les fêtes ont cessé, le peuple s'est éloigné, et mon nom dort, avec ma cendre, dans le tombeau de mes pères...

Mais déjà nous touchons au rivage. J'entends le triple aboiement de Cerbère, et vois sortir de son antre ses trois têtes hérissées de serpens. Ce monstre, fruit des amours du géant Typhon et d'Échidna[1], menace de ses trois gueules béantes les voyageurs qui abordent au palais de Pluton; mais ses menaces n'ont rien d'alarmant pour vous :

>   Le gardien du royaume sombre
> Ne sauroit échapper aux traits de la beauté.
> Approchons : vous verrez qu'il aboie après l'ombre,
> Et s'apprivoise aux pieds de la réalité.

---

1. Ce nom signifie *hydre* ou *reptile*. Échidna étoit, dit-on, moitié femme, moitié vipère. On lui donne pour enfans les monstres les plus célèbres de l'antiquité, tels que la Chimère, l'Hydre de Lerne, etc.

LETTRE LXI

PYRAME ET THISBÉ

Nous voici donc aux portes du palais de Pluton ; et le terrible Cerbère, loin de vous menacer, baisse respectueusement devant vous ses trois têtes, et voudroit lécher vos jolis pieds.

Comme nous n'aimons pas la foule, laissons passer ces ombres nobles et financières qui volent rapidement au palais infernal, et contemplons, sur le chemin, ces âmes innocentes qui, trop jeunes encore, voltigent sans pouvoir avancer.

> Chez les morts, il en est sans doute
> Comme chez les vivans : les Vices tour à tour
> Font avec appareil leur entrée à la cour ;
> Et l'Innocence reste en route.

Plus loin, remarquez ces ombres pâles et frémissantes, qui semblent fuir les Remords attachés sur leurs pas :

> Vous voyez ces mortels foibles et malheureux
> Qui, s'affranchissant de la vie,

Ont oublié que la patrie
Et la nature avoient des droits sur eux.
En pleurant ils lèvent les yeux
Vers le séjour de la lumière,
Dont eux-mêmes se sont bannis.
On les consoloit sur la terre :
Ici, seuls avec leur misère,
Ils regrettent les lieux où l'on a des amis.

Mais quels gémissemens plus doux se prolongent sous l'ombre mélancolique de ces myrtes amoureux ! quelle pâleur intéressante sur ces figures penchées comme des fleurs sur leur tige ! quelle molle langueur dans leurs regards ! comme leur poitrine se gonfle de soupirs qui dessèchent leurs lèvres décolorées ! Tous ces hommes morts d'amour... — D'amour ? dites-vous ; je savois bien que l'on en vivoit jadis, mais j'ignorois qu'on en mourût aujourd'hui. — Vous l'ignoriez ? Incrédule ! il faut des exemples pour vous convertir. Commençons par celui de Pyrame et de Thisbé, que vous voyez assis sous ce vieux myrte.

Nés dans le même temps et voisins dès l'enfance,
C'étoient de vieux amis à leur adolescence.
Or, nous savons, vous et moi, qu'à quinze ans
Les vieux amis sont de jeunes amans !

Pyrame et Thisbé l'apprirent avant nous. La haine qui depuis longtemps divisoit leurs familles, loin d'altérer leur union, l'avoit rendue plus intime en la rendant plus secrète :

> Tandis que leurs parens des yeux se menaçoient,
> S'injurioient et s'accabloient d'outrages,
> Du couple heureux, à travers ces orages,
> Tendres regards furtivement passoient,
> Comme un rayon du jour glisse entre deux nuages.

Au moment où la nuit couvre d'un même voile la haine et l'amitié, Pyrame et Thisbé se rendoient furtivement au pied d'un vieux mur qui séparoit les jardins de leurs pères.

> Là, sous la mousse et la verdure,
> L'Amour, avec la faux du Temps,
> Pratiqua lentement une étroite ouverture,
> Qui servoit de parloir à nos jeunes amans.
> C'est là que les soupirs, la tendre confiance,
> Les consolations, la flatteuse espérance,
> Passoient et repassoient ; mais, hélas ! le baiser
> S'arrêtoit à la brèche et n'y pouvoit passer.
> Cet obstacle irritoit leur jeune impatience :
> « Quoi ! toujours de la crainte, et jamais de plaisir !
> Quoi ! nous aimer, et voir nos parens se haïr !
> Non ; l'amour ne peut vivre où respire la haine.
> Fuyons. Sous le mûrier qui borde la fontaine,
> Trouvons-nous dès le point du jour. »

> L'Aurore n'étoit pas encore de retour,
> Thisbé sous le mûrier attendoit. Dans la plaine,
> Un lion, écumant et de rage et de sang,

Pour se désaltérer accourt en rugissant.
Thisbé s'enfuit; son voile échappe; le zéphire
Le fait voler aux pieds du monstre furieux
    Qui l'ensanglante, le déchire
Et disparoît. Pyrame arrive, et, de ces lieux
Parcourant vainement la sombre solitude,
Palpitant de désir, tremblant d'incertitude,
    Il soupire, baisse les yeux...
Le voile ensanglanté soudain frappe sa vue :
    Il reconnoît ce tissu des Amours,
Envié tant de fois et respecté toujours.
Sur ces tristes lambeaux l'écume répandue,
Les vestiges du monstre et ceux de sa fureur,
Et la nuit et le sang, le glacent de terreur.
Ses cheveux sur son front se hérissent d'horreur.
Thisbé n'est plus! « Thisbé, c'est moi qui t'ai perdue!
Devois-je au rendez-vous arriver le dernier !
Hélas! tu m'attendois sous ce fatal mûrier ;
Et tu m'attends encor sur les rivages sombres.
Ah! j'y descends. Nos cœurs, à jamais confondus,
De l'Elysée ensemble habiteront les ombres,
    Et Thisbé ne m'attendra plus. »
Il dit, se frappe, tombe ; et l'Aurore naissante
Éclaire de son sang la pourpre jaillissante.

    Au crépuscule du matin,
    Thisbé, palpitante, inquiète,
    Sort de son humide retraite,
Regarde, hésite, avance; et, son œil incertain,
A travers la vapeur de la blanche rosée,
Croyant sous le mûrier voir un objet lointain,
    Elle y vole avec sa pensée :
« C'est Pyrame! c'est lui! dormiroit-il?... Grands dieux!
Pyrame!... » A cette voix Pyrame ouvre les yeux :
« Je croyois qu'aux enfers tu venois de descendre,
Et que tu m'attendois... C'est moi qui vais t'attendre. »
Il dit; son œil, couvert du voile de la mort,
Cherche Thisbé dans l'ombre, et, la trouvant encor,

Avec un doux effort longtemps fixé sur elle,
Se referme et s'éteint dans la nuit éternelle.

Thisbé l'y précédoit. Déjà le fer sanglant
L'a frappée ; elle expire et tombe en l'embrassant.
Les derniers battemens de leurs cœurs se répondent,
Dans leur dernier baiser leurs âmes se confondent,
Et viennent habiter ce bienheureux séjour,
Seul asile où la paix accompagne l'amour.

Sous l'ombre du mûrier ils reposent encore.
Son fruit, en mûrissant, de leur sang se colore ;
C'est le fruit des amans fidèles. Chaque fois
Que la mûre sanglante aura rougi nos doigts,
De ce couple charmant rappelons-nous la flamme,
 Et, nous lançant un regard dérobé,
  Donnons, vous des pleurs à Pyrame,
  Et moi des soupirs à Thisbé.

Je pourrois ajouter à l'exemple de ce trépas amoureux celui de Céphale et Procris, de Léandre et Héro, de... ; mais j'aurois peur de vous brouiller avec l'Amour par la crainte de la contagion. Cependant n'en concevez nul effroi ; cette épidémie n'attaque plus que les hommes.

Votre sexe est exempt de cette maladie ;
 Mais que de maux il éprouve en retour !
  Il dépérit de jalousie ;
  Il sèche de coquetterie.
L'orgueil dans tous vos sens circule avec l'amour ;
Le poison de la haine et le fiel de l'envie
Aigrissent de vos cœurs les innocens désirs,

Et font
Ainsi d(
Le miro
De Vén(
Mais V(
Avec vo
Dans l'a

Bien (
que les c
au moins
de ces fe1
sistible, c
à l'instan
entourée
de Pluto1
cemment
tant pou1
garde d'h

A trave
les noi1es
champs É
tons le pa
Quel si
ces ténèbres eternelles

La fille du Chaos plane dans cette enceinte,
La Nuit, qui suit partout le Mystère ou la Crainte.

Qui des sombres complots dérobe les détours,
Qui sans témoins laisse le Vice,
Et l'Innocence sans secours.
Cent fois le Ciel voulut la punir pour toujours
Des crimes dont elle est complice,
Mais il a, jusqu'ici, suspendu sa justice,
A la requête des Amours.

Tantôt la Nuit voyage sur un char d'ébène traîné par deux chevaux noirs ; tantôt elle parcourt son empire d'un vol rapide et silencieux. Ses bras, étendus sous ses vastes ailes, présentent, l'un une poignée de pavots, l'autre un flambeau renversé dont la flamme s'éteint. Le Sommeil et la Mort planent à ses côtés. Sous les plis flottans de son crêpe parsemé d'étoiles, les légers Fantômes et les Songes fugitifs voltigent en se jouant dans le sein de leur mère. Cependant vous ne voyez ici qu'une partie de sa nombreuse famille, trop souvent occupée sur la terre.

Le plus redoutable de ses enfans, la Discorde, le teint livide, la bouche écumante, la tête hérissée de serpens, le front ceint de bandelettes ensanglantées, vêtue de lambeaux couleur de feu, et portant dans ses mains décharnées des vipères et des torches ardentes, chasse devant elle la Peur, par laquelle les sept chefs [1] jurèrent devant Thèbes

---

1. Eschyle.

la ruine de cette malheureuse cité; la Peur, à qui les Romains mis en fuite élevèrent des autels, et durent ensuite la victoire[1]. Sa tête de lion se hérisse au moindre bruit; sa robe, changeante comme son cœur, flotte sur sa poitrine agitée, et les ailes attachées à ses pieds rendent leur fuite plus rapide. Sur ses pas, l'œil hagard, les cheveux rabattus et les traits altérés, se traîne la Pâleur, qui partage son culte et ses autels.

A leur suite, le Mensonge à l'œil louche, au sourire perfide, conduit obliquement la Fraude, dont la tête de femme s'élève sur un corps de serpent armé d'une queue de scorpion[2].

Ces deux monstres ont beaucoup de ressemblance avec cette belle femme qui, d'un air imposant et d'un pas assuré, s'avance derrière eux, en traînant par les cheveux une jeune fille éplorée.

> Son art ressemble à la nature,
> Son fard imite la beauté;
> Sa bouche embellit l'imposture
> Des charmes de la vérité.
> A sa voix le Soupçon s'éveille,
> L'Ignorance dresse l'oreille,
> L'Envie, attentive, sourit;
> La Raison se tait et soupire,
> L'Innocence flétrie expire :

---

[1]. Tite-Live, livre II.
[2]. Hésiode.

SUR LA MYTHOLOGIE　　　　31

> On la plaint, mais on applaudit.
> A ces traits, vous reconnoissez
> Du mérite éclatant l'implacable ennemie :
> Car, quand on a connu deux humains, c'est assez
> Pour connoître la calomnie.

Le Repentir, en deuil, la suit de loin, tenant par la main la Douleur ou la Tristesse, sa compagn ordinaire. Cette sombre déité, couverte d'un long voile, tient quelquefois une urne funèbre. Le regards tantôt élevés vers le ciel, tantôt fixés su la terre, elle semble redemander à l'un le bien qu'il lui a ravi, à l'autre le trésor dont elle es dépositaire.

A quelques pas derrière elle, arrive lentemen sa jeune sœur, couverte d'un voile plus léger Ses regards distraits et rêveurs ne s'adressent n au ciel ni à la terre. C'est dans son propre cœur qu'elle puise ses consolations, et qu'elle s'enivre avec délices d'une lente et douce amertume. Tel est le caractère de cette aimable divinité, que vous m'avez fait connoître, et que vous me faites adorer.

> Quand vous riez, j'adore la Folie ;
> Mais, en automne, au déclin d'un beau jour,
> Quand vous baissez vos yeux baignés d'amour,
> J'adore la Mélancolie.
>
> Le malheureux évite la Folie,
> Fuit la Gaîté, repousse le Plaisir.

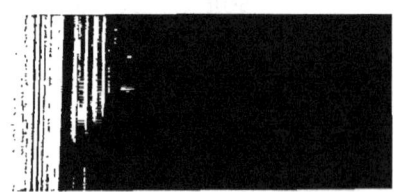

Que veut-il donc? Ah! laissez-le choisir :
Il suivra la Mélancolie.

De temps en temps j'aime un jour de folie ;
Mais près de vous, tendrement agité,
Je donnerois un siècle de gaîté
Pour un jour de mélancolie.

LETTRE LXII

PLUTON

Levez les yeux vers ce trône d'airain, dont les degrés sont couverts de tous les fléaux qui affligent l'humanité. Entrevoyez-vous un visage livide, de noirs sourcils, des yeux rouges et menaçans? A ces traits reconnoissez Pluton, frère de Jupiter et de Neptune, et monarque des enfers. Sa main droite est armée d'une longue fourche[1] ; l'autre tient la clef qui ferme les portes de l'Éternité. Ce tyran est couronné d'ébène, de narcisses ou de cyprès. Quelquefois il se couvre d'un casque qui le rend invisible, lorsque, traîné par ses deux chevaux

---

1. Celle de Pluton a deux dents, celle de Neptune en a trois ; de là lui vient le nom de *trident*.

noirs, sur son char d'ébène, il s'élance du gouffre de l'Averne, et parcourt en vainqueur le séjour des mortels.

Près de lui, Proserpine, fille de Cérès, siège tristement, la couronne et l'ennui sur le front. Vous vous rappelez que Pluton l'enleva jadis en Sicile [1], au moment où elle cueilloit des fleurs dans le vallon d'Enna. Ce mariage, comme presque tous ceux de la cour, ne produisit jamais d'héritiers : car vous observerez que Proserpine fut toujours fidèle. Aussi l'infortunée, fatiguée de sa triste et solitaire immortalité, se dit-elle souvent avec un long soupir :

> « Près d'un époux glacé, que sert l'éclat stérile
>   Des vains titres, des vains honneurs?
>   Loin du prestige des grandeurs,
>   La bergère obscure et tranquille
>   De l'hymen goûte les faveurs,
> De la maternité savoure les douceurs,
> Et remplit tous les jours que la Parque lui file...
> Qu'est devenu le temps où je cueillois des fleurs
>   Dans les campagnes de Sicile? »

La cour dont vous la voyez entourée est peu propre à la distraire de sa mélancolie. La Fureur, la Haine, l'Hypocrisie, la Vengeance et la Trahison conspirent à ses côtés. Je sais bien que ces

---

[1]. Voyez la Lettre VIII, première partie.

personnages habitent toutes les cours; mais au moins en prennent-ils les mœurs et la politesse. Là, la Fureur se concentre avec art, s'emporte avec méthode, et menace avec dignité; la Haine se mord les lèvres avec un sourire perfide, mais gracieux; l'Hypocrisie adapte avec une justesse précieuse le masque de la bienveillance et de l'aménité; la Trahison se présente l'olivier à la main, l'ingénuité sur les lèvres; et la Vengeance ensevelit sous les roses ses flambeaux assoupis et ses serpens apprivoisés.

Mais ici la Fureur sanglante déchire tout ce qui l'environne; la Haine vomit, à travers un torrent de fiel, des milliers de traits empoisonnés; l'Hypocrisie soulève son masque, et découvre son visage hideux; la Trahison s'arme de feux, de poignards et de poisons; et la Vengeance fait siffler ses serpens à la lueur de ses noirs flambeaux.

Au milieu de ce groupe infernal s'élève la Mort, favorite et ministre de Pluton. Une faux sanglante arme sa main décharnée. Une robe noire, parsemée d'étoiles, couvre les os luisans de son squelette livide. Cette divinité implacable est, suivant Orphée, la seule à qui la Frayeur même n'ait jamais élevé de temples ni d'autels.

>Eh! pourquoi nous humilier
>Au point d'encenser cette esclave?

Qui la craint vainement la prie, et qui la brave
N'a pas besoin de la prier [1].

Mais revenons à son maître. Pluton a, comme ses frères, une multitude de surnoms qui dérivent de son caractère ou de ses attributs. En voici les principaux :

Les Grecs l'ont appelé *Agesilaos* [2], parce qu'il n'a jamais ri.

Les Latins le surnommèrent *Februus*, du mot *februare*, faire des libations sur les tombeaux. Ces cérémonies se célébroient pendant le second mois de l'année, qui en a conservé le nom de *Février*.

Ils le nommoient aussi *Summanus*, Souverain des Mânes [3].

On distingue des Mânes de trois espèces différentes : les Ames des morts vertueux; les Larves ou les génies malfaisans des scélérats qui, condamnés à errer sur la terre, apparoissent, la nuit, sous des formes effrayantes, à l'exemple de nos revenans; enfin les Dieux Mânes, commis à la garde des tombeaux. Aussi trouvons-nous sou-

---

1. Elle eut dans la suite des statues à Sparte et des autels à Rome.
2. De γελάω, *rire*, joint à l'ά privatif ou négatif.
3. Le mot *Mânes* semble dériver du verbe latin *manare*; et, dans ce cas, il signifie *émanation*.

vent sur les tombes des anciens ces deux lettres initiales D M, qui indiquent ces deux mots : *Diis Manibus,* « aux Dieux Mânes », comme pour recommander à leurs soins la sépulture du mort.

On immoloit des brebis noires aux Dieux Mânes et aux Larves; et l'on offroit aux Mânes de ses amis du lait, du miel, du vin et des parfums. Cependant, mon amie, quand le sort aura terminé ma frêle existence,

<blockquote>
A mes mânes n'offrez jamais
Ni parfums, ni vin, ni laitage;
Mais auprès de ma tombe élevez un cyprès,
Et venez quelquefois habiter son ombrage.
</blockquote>

LETTRE LXIII

LES PARQUES

AVANÇONS vers cet antre sombre, creusé sous cette roche calcinée. Ne vous effrayez point à l'aspect de ces trois sœurs pâles et maigres, qui filent en silence au crépuscule d'une lampe bleuâtre : ce sont les trois Parques [1], ainsi nommées par antiphrase, parce

---

1. Du mot *parcere*, « pardonner » ou « épargner ».

qu'elles ne font grâce à personne. Elles sont, selon quelques auteurs, filles de Jupiter et de Thémis; d'autres leur donnent pour mère la Nécessité, qui soumet à leur despotisme les habitans de l'univers. Rien ne peut adoucir ni retarder l'exécution de leurs décrets rigoureux : ni la beauté, ni la jeunesse, ni l'amitié, pas même l'amour; les malheureuses ne l'ont jamais connu. Aussi, les voyez-vous revêtues d'une tunique blanche, pour attester la pureté de leur éternel célibat. Cependant leur virginité, quoiqu'elle soit assurément la doyenne de toutes les virginités connues, me paroît fort peu méritoire, si le mérite réel de la pudeur résulte des périls auxquels elle a su se soustraire. En effet,

> Malgré l'antiquité de ce trésor unique,
> Quel seroit le triste amateur,
> Qui se fût avisé de ternir la blancheur
> De leur vénérable tunique?

Une singularité qui, selon moi, les rend bien plus recommandables, c'est que, filles, sœurs et méchantes, elles sont d'accord depuis le commencement des siècles. Mais à cela quelques détracteurs répondent que, comme elles sont sans cesse occupées à faire le mal, leur accord parfait tient au genre de leur occupation.

A mesure que nous approchons, remarquez-vous

Clotho, l'ainée des trois sœurs, qui, seule debout, le bras tendu, le front élevé, tient une quenouille de laine blanche et noire, mêlée d'un peu d'or et de soie? Lachésis, assise à ses côtés, tourne attentivement le fuseau de la main gauche, et de la droite conduit le fil léger qui fuit sous ses doigts. Soudain l'impatiente Atropos s'incline, et le tranche avec ses larges ciseaux. Tels sont, Émilie, la naissance, la durée et le terme de cette vie, que l'on consacre sans cesse à l'espérance, et jamais à la réalité du bonheur.

Ah! ne nous quittons plus, ma chère et tendre amie.
Sans porter notre espoir au delà du tombeau,
Occupons chaque jour par un plaisir nouveau,
Que de paix et d'amour chaque heure soit remplie.
Mettons bien à profit chaque tour de fuseau;
  Et puisse une si belle vie
Finir au même instant sous le même ciseau!

Au reste, vous concevez aisément que ce fil ne peut suffire pour tous les mortels : car, si nous tenions tous au même fil, un seul coup de ciseau trancheroit l'existence du genre humain. Aussi nos trois sœurs ont-elles un atelier immense, dont elles dirigent les travaux, et dans lequel vous allez voir la filature universelle de nos destinées.

Suivez des yeux, sous la profondeur de ces voûtes éternelles, ces triples rangs de femmes, de quenouilles et de fuseaux. Chacune de ces fileuses innombrables est chargée d'un fil particulier. Ainsi chaque mortel a sa Parque, à laquelle le Destin remet une quenouille, qu'elle file jusqu'au moment où Atropos, en se promenant parmi les rangs de ces fileuses, coupe, au hasard, les fils de toute couleur. Quelquefois le fil, trop délié, casse entre les doigts de la Parque; quelquefois aussi elle cesse de filer, soit parce qu'elle file depuis trop longtemps, soit parce qu'elle a filé trop vite : car les glaces de l'âge et le feu des passions épuisent également sa quenouille.

A l'aspect de tous ces fils noirs et grossiers, vous vous croyez sans doute environnée des fuseaux destinés au peuple; détrompez-vous, vous êtes au milieu des grands et des riches de la terre.

> Clotho, par un destin bizarre,
> Mêle de soie et d'or les jours qu'elle prépare
> A l'humble Médiocrité;
> Et, pour confondre la Fortune,
> File d'une laine commune
> Les jours de l'Opulence et de la Pauvreté.

C'est avec ces fuseaux innombrables que le Destin ourdit la trame de la vie humaine, dans laquelle chaque homme suit son fil au hasard.

> Souvent le fil du fou croise celui du sage;
> L'ignorant croise le docteur,

Et le plaideur, l'Aréopage,
Et le satirique, l'auteur.
Le fier habitant de la ville
Se mêle aux habitans des bois ;
Le berger s'entrelace aux rois,
Chez ses derniers sujets le prince se faufile.
De ce tissu mystérieux
Tous les fils féminins forment la broderie
Dont les dessins capricieux,
Inventés par l'Amour, tracés par la Folie,
Sous mille traits divers, présentent à nos yeux
Les magiques détours de ces enchanteresses,
Qui, s'armant contre nous de nos propres foiblesses,
Par grâce ou par pitié nous accordent des fers,
Nous offrent le bonheur au milieu des supplices,
Et font à la fois les délices
Et le tourment de l'univers.

Mais, parmi ces Parques blêmes et sévères, quelle est celle dont la bouche sourit, et dont le teint s'anime quand elle regarde son ouvrage ? Le fil qui sort de ses doigts est en effet plus riche qu'il ne le paroît au premier coup d'œil ; l'or s'y cache sous la soie. Mon amie, cette Parque m'intéresse ; abordons-la, je veux l'interroger :

« O divinité redoutable,
Dites-moi, pour qui filez-vous ?
— Je tiens le fil d'une mortelle aimable,
Au cœur sensible, au regard vif et doux.
— Son âge ? — Dix-huit ans. — Et son nom ? — Émilie.
— Ah ! connoissez-vous, je vous prie,
La Parque qui file les jours
De son ami. — C'est mon amie

Et ma voisine. Elle voudroit toujours
Filer à la même quenouille.
Elle mêle nos fils et si bien les embrouille
Que j'ai peine à les débrouiller...
— Ah ! gardez-vous-en bien ! je tremble
Que vous n'en cassiez un ; filez plutôt ensemble :
Les vrais amans entre eux n'ont rien à démêler. »

LETTRE LXIV

PLUTUS

Sous ces lambris éclatans d'or et de pierreries, quelle est cette divinité aveugle et boiteuse qui repose pesamment sur un trône d'or massif ? A son embonpoint monacal, à sa stupidité financière [1], je reconnois Plutus, dieu des richesses. Les uns le font descendre de Rhée et du Temps, sans doute parce que le Temps mûrit lentement les trésors dans le sein de la terre. D'autres prétendent qu'il est fils de Cérès et de Jasion, célèbre agriculteur. Je préfère cette origine à la première : car l'agriculture me paroît être la source des richesses véritables.

---

1. Cette épithète mérite, de nos jours, quelques exceptions.

Cependant, lorsque les hommes furent réunis en société, la plupart d'entre eux, livrés aux arts et aux sciences, n'eurent plus le loisir de cultiver les trésors de Cérès. Alors il fallut créer des richesses fictives que les habitans des villes pussent échanger contre les richesses réelles des habitans de la campagne. Pour opérer cet échange, on choisit, parmi les métaux, l'or, l'argent et l'airain. Cérès continua de procurer aux humains les trésors de la nature, et l'aveugle Plutus fut chargé de leur distribuer avec équité les métaux précieux qui les représentent. Jamais mission ne fut plus délicate ni plus mal remplie.

> Pour guider sa marche pesante,
> Comme il n'a ni chien ni bâton,
> Le stupide aveugle, dit-on,
> Suit le premier qui se présente ;
> Presque toujours c'est un fripon.
> Le guide, remarquant que son aveugle boite
> Du côté gauche, range avec dextérité
> Tous les fripons de ce côté,
> Tous les honnêtes gens à droite.
> D'après quoi, vous présumez bien
> Qu'ainsi postés sur son passage,
> Les coquins ont du voisinage
> Tout le profit, les autres rien.

Nos aïeux lui pardonnèrent d'abord cette injustice, en faveur de l'utilité de ses fonctions. Mais bientôt ce dieu entreprenant se servit si adroitement de nos passions pour étendre son commerce qu'il disposa du sort des mortels, et balança le pouvoir du Destin.

> Bientôt la vertu fut vénale;
> Le juge vendit ses arrêts,
> Le libelliste ses pamphlets,
> Le casuiste sa morale.
> Les sots et les ambitieux
> Dans la fange se soulevèrent,
> Et, pour en sortir, achetèrent
> Des écussons et des aïeux.
> Chacun entretint ses finances;
> Le ministre avec des brevets,
> La Sorbonne avec des bonnets,
> Le pontife avec des dispenses.
> L'orateur, de la vérité,
> L'avocat, de la confiance,
> Le médecin, de la santé,
> Le professeur, de la science,
> L'homme public, de son crédit,
> Le charlatan, de la sottise,
> Le poète, de son esprit,
> Firent métier et marchandise.
> Enfin, le prince de Paphos,
> Avec la reine d'Idalie,
> Prit un comptoir et des bureaux,
> Pour enseigne portant ces mots :
> *Amour, Vénus et Compagnie.*
> Il trafiqua de la pudeur,
> Vendit en détail la jeunesse,
> Et les soupirs et la tendresse...
> Ah ! leur fixer une valeur,
> C'est leur ôter leur prix. Personne
> N'a jamais pu payer un cœur :
> Voilà pourquoi le cœur se donne.

LETTRE LXV

LA FORTUNE, LE DESTIN, NÉMÉSIS

Suivant un ancien proverbe qui dit qu'un aveugle conduit l'autre, la conductrice la plus ordinaire de l'aveugle Plutus est l'aveugle Fortune, conduite elle-même par l'aveugle Destin.

Cette déesse inconstante, le pied légèrement posé sur une roue rapide, ou placée debout sur un char traîné par quatre chevaux aveugles comme elle, écrase ses adorateurs, et change cent fois par jour de ministres et de favoris. Le ciel pose sur sa tête; ses mains portent en même temps le feu et l'eau, emblème du bien et du mal qu'elle répand sur la terre. Quelquefois elle tient de la main droite la corne d'abondance, et de la main gauche elle conduit l'Occasion, dont la tête chauve ne présente, sur le front, qu'un léger toupet de cheveux, par lequel il faut la saisir.

> Aussi, sous l'ombrage discret
> Ou d'une grotte ou d'un bosquet,
> Dès que le tête-à-tête enhardit ma tendresse
> Et que l'Occasion paroît,

Vous la tournez si bien que toujours la déesse
Me présente la nuque et jamais le toupet.

Les surnoms de la Fortune varient autant que ses caprices. On l'appelle partout *bonne* et *mauvaise*, suivant les circonstances. Les Romains la surnommoient *Aurea*. Sa statue d'or étoit en effet placée dans l'appartement et près du lit de l'empereur, et transférée, à l'instant de sa mort, dans l'appartement de son successeur. Ils l'adoroient encore sous les titres de Conservatrice[1], de Nourrice, d'Aveugle, Favorable, Passagère, Familière, Privée, etc.

Les aventuriers adoroient la Fortune Aventurière[2]. Servius Tullius avoit élevé dans son palais un autel à la Fortune Barbue[3]. J'ignore le sens de cet emblème.

La Fortune[4] Virile avoit un temple placé près du temple de Vénus.

Rome, soustraite à la vengeance de Coriolan par les larmes de son épouse et de sa mère, éleva un temple à la Fortune Féminine[5], parce que deux femmes avoient sauvé la patrie.

---

1. *Conservatrix, mammosa, cæca, obsequens, brevis, privata.*
2. *Fors Fortuna.*
3. Plutarque.
4. Plutarque; Ovide, liv. IV des *Fastes*.
5. Diodore, liv. VIII.

Domitien, après quelques revers de fortune, suivis d'événemens heureux, dédia un autel à la *Fortune de retour* [1].

Enfin, on lui frappa des médailles sous le titre de Fortune *Stable* [2], ou *Constante*. Mais ces médailles, peu communes dans tous les temps, sont devenues, de nos jours, aussi rares que la pierre philosophale.

Il est singulier que la plus changeante des divinités soit guidée par le moins changeant de tous les dieux : car vous savez que le Destin est d'un caractère immuable. Assis sur un trône de fer, il pose le pied sur un globe, et ce globe est le Monde, dont il tient les destinées, d'un côté renfermées dans une urne, de l'autre gravées sur un livre d'airain. Toutes les puissances célestes s'évanouissent devant la sienne. Il parle : l'Olympe se tait, les déesses pâlissent en silence ; et ses décrets, plus prompts que la foudre, frappent également les hommes et les dieux.

Devant lui marche la Nécessité. Cette déesse inflexible partage sa tyrannie. Ses mains de bronze tiennent de longues chevilles et du plomb fondu, qui unissent et lient tous les objets d'une manière indissoluble. Elle porte aussi de longs coins de fer,

---

1. *Fortuna redux.*
2. *Fortuna stata.*

qui divisent les liaisons les plus fortes et les plus intimes.

La Nécessité a subi elle-même ses lois, en cédant à la voix irrésistible de l'Amour. Mais la souveraine des mortels ne soumit son cœur qu'au souverain des dieux, qui la rendit mère de l'inflexible Némésis, déesse de la justice et de la vengeance céleste. C'est elle que vous apercevez près de sa mère, le front calme, le regard sévère et la démarche assurée. Remarquez cette couronne de narcisses, surmontée d'une corne de cerf, qui couvre sa noire chevelure, ce voile léger qui gaze ses modestes attraits, cette draperie blanche qui flotte sur ses épaules et descend à longs plis jusqu'à terre. Vous voyez dans ses mains un frein et un compas : l'un pour maîtriser la fougue de nos passions, l'autre pour mesurer, parmi les hommes, les peines, les récompenses et l'égalité;

> Non cette égalité barbare et ridicule
>   Qui fait d'un pygmée un Hercule;
>   Mais cette sainte égalité
> Qui du foible opprimé protège l'innocence,
> Et fait fléchir l'orgueil de l'injuste opulence
>   Devant l'honnête pauvreté.

Quelquefois Némésis tient une lance pour frapper le vice, et une coupe remplie d'une liqueur divine pour fortifier la vertu contre le malheur.

Les Grecs l'adorèrent sous les noms de *Némésis,* vengeresse ; *Adrastée,* inévitable, et *Ancharie,* formidable. Son temple le plus célèbre étoit situé sur une éminence près de Rhamnus, ville de l'Attique; ce qui lui a fait donner le surnom de *Rhamnusie.*

Les Athéniens instituèrent en son honneur les fêtes *Némésées*[1], et les Romains lui élevèrent dans le Capitole un autel sur lequel ils déposoient un glaive avant de partir pour la guerre, en conjurant l'équitable déité de protéger la justice de leurs armes.

C'est sur l'autel de Némésis que la jeune amante délaissée vient, les yeux gonflés de larmes et le cœur gros de soupirs, déposer en tremblant son offrande, et former contre un ingrat des vœux dont elle n'est pas bien assurée.

> Que si la déesse équitable,
> Sensible aux pleurs de la beauté,
> Promet que son bras redoutable
> Punira l'infidélité ;
> Le jour, le soir, la nuit suivante,
> Tout l'alarme, tout l'épouvante.
> Le jour, un noir pressentiment

---

[1]. Ces fêtes étoient funèbres, parce qu'on croyoit que Némésis prenoit aussi les morts sous sa protection, et qu'elle vengeoit les injures faites à leurs tombeaux.

La fait trembler d'être exaucée ;
Du monstre le portrait charmant,
Le soir, obsède sa pensée.
La nuit, les songes affligeans
Offrent à son âme craintive
Les traits aimables mais changeans
De son image fugitive :
Ici, le perfide la fuit
Et lui lance un regard farouche ;
Là, le Repentir le conduit,
Et le sourire est sur sa bouche.
Tantôt sur l'abîme des mers,
Tantôt dans le fond des déserts,
Abandonné de la nature ;
Tantôt sur un lit de verdure,
Se consolant de ses revers,
De Vénus levant la ceinture,
Charmant, parjure et presque heureux...
« Le perfide ! Tonnez, grands dieux ! »
Dit-elle en frémissant. La foudre
Obéit ; le ciel s'obscurcit ;
Un trait va le réduire en poudre...
Elle frissonne, elle transit,
D'amour, de frayeur transportée,
S'éveille de pleurs inondée,
Court au temple, vole à l'autel,
Nomme cent fois le criminel,
Tombe à genoux, pleure, demande
Son châtiment sans le vouloir,
Et revient sans s'apercevoir
Qu'elle a retiré son offrande.

LETTRE LXVI

LE TARTARE

APRÈS avoir visité le palais de Pluton et ses dépendances, traversons sur ce pont tremblant les ondes enflammées du Phlégéthon [1], et marchons vers le Tartare, en côtoyant les rivages du Cocyte, dont les ondes se grossissent des pleurs des coupables, et dont le murmure imite leurs gémissemens.

Nous voici sous les voûtes brûlantes du noir Tartare : c'est ici que sont précipitées à jamais les âmes criminelles ; cet abîme, où tous les élémens et tous les maux se confondent, est sorti du sein du *Chaos* [2]. Autant la terre est placée au-dessous du ciel, autant le Tartare est creusé au-dessous de la terre [3].

Les bords sulfureux de ce gouffre immense sont peuplés des scélérats les plus célèbres soit par l'atrocité de leurs crimes, soit par la sévérité de

---

[1]. Du mot grec φλεγέθω, *brûler*.
[2]. Hésiode, dans sa *Théogonie*.
[3]. Hésiode, *ibid*. — Homère, *Iliade*, liv VIII.

leurs châtimens; châtimens toujours justes quand Minos les prononce, et rarement mérités quand les dieux se mettent à la place des juges.

Phlégyas, roi des Lapithes et père de Coronis, nous en offre un exemple. Coronis, amante d'Ischys, fut aimée d'Apollon : le dieu, irrité de ses refus, lui ravit l'honneur, et la rendit malheureuse sans être heureux.

> C'est vainement qu'un traître, usant de violence,
> Croit arracher le bien qu'il ne peut obtenir :
> Un crime ne sauroit jamais être un plaisir ;
> C'est le don libre et pur qui fait la jouissance.

La nymphe désespérée pleuroit son déshonneur dans les bras de son amant, qui, par tendresse ou par générosité, l'excusoit et séchoit ses pleurs. Apollon, jaloux des consolations de ce couple infortuné, le perce de ses traits, tire du sein de Coronis Esculape, qu'il confie au centaure Chiron, et la change en corneille.

A cette nouvelle, Phlégyas, guidé par la vengeance paternelle, s'arme d'un flambeau, vole au temple de Delphes et le réduit en cendres. Soudain un trait d'Apollon le précipite dans le Tartare, où cette roche énorme, suspendue sur sa tête, lui fait éprouver le supplice éternel de l'attente et de la terreur. Eschyle [1] prétend que

---

[1]. Tragédie de *Prométhée*.

cet infortuné répète sans cesse cette maxime : *Apprenez, par mon exemple, à respecter les dieux et la justice.* Pour moi, voici ce que je lui ferois prononcer :

« Dérobez votre fille aux regards de nos dieux ;
Sinon vous devez vous attendre
Au déshonneur le plus honteux,
Aux trahisons de votre gendre,
Qui, las de sa moitié, vous réduira tous deux,
Elle à s'enfuir, vous à vous pendre. »

Le supplice d'Ixion vous paroîtra plus juste. Ce prince, pour obtenir Dia, fille de Déionée, promit à celui-ci des présens considérables. Le père lui accorda sa fille en le sommant de sa promesse. Ixion, sous prétexte de l'accomplir, attire chez lui Déionée, et le fait tomber, par une trappe, dans une fournaise ardente. Aussitôt les Remords et les Furies vengeresses s'emparent du coupable, et le livrent à toutes les horreurs du plus affreux délire. Jupiter fut touché de son repentir : il apprit d'ailleurs qu'il étoit homme de société et convive agréable ; ce qui, aux yeux des princes désœuvrés, efface les plus grands crimes et surpasse les plus hautes vertus. Le roi du ciel accueille le coupable, le console, le fait asseoir à sa table et l'enivre de nectar. Ixion, qui avoit le nectar un peu tendre, caresse de l'œil les appas de la chaste Junon, boit[1] furtivement dans sa coupe, en presse les bords de ses lèvres amoureuses, et, suivant la déesse dans un lieu écarté, tombe à ses pieds, en attendant la main qui doit le relever. Il l'attendoit encore, et déjà Junon furieuse avoit porté ses plaintes à son époux.

Jupiter gravement lui répondit : « Madame,
Cela ne se peut pas. — Pourquoi non? à sa femme
  Vous en avez conté jadis.
Son fils Pirithoüs n'est-il pas votre fils?
  — Un peu; mais c'est sans conséquence :
Des mortelles toujours nous revenons à vous
Plus épris que jamais. — Soit; mais à la vengeance
  Vous autorisez leurs époux.
Auprès de leurs moitiés quand vous faites les hommes,
 Ils font si bien les dieux auprès de nous
Que nous ne savons plus souvent où nous en sommes;
Témoin cet Ixion. — Eh bien! pour le punir,
Et connoître à quel point sa tendresse m'outrage,
 A ses regards, ce soir, je veux offrir
Une vapeur ayant votre air, votre visage,
  Et parlant votre doux langage.
 Entre ses bras il croira vous saisir,
  Et n'embrassera qu'un nuage.
—Vous m'allez compromettre. —Eh! non.—Moi dans ses
           [bras!
—Ce ne sera pas vous. — Il ne le saura pas.
S'il alloit s'en vanter! si sa langue indiscrète...!
J'aimerois autant que... la chose fût... secrète.

—Comptez, reine des cieux, sur le plus profond

---

1. Lucien, *Dialogue des dieux.*

mystère. » Il dit, fait venir Ixion, lui présente l'image de Junon afin de se convaincre ; et soudain le voilà convaincu. Mais, comme la conviction portoit à faux, le bon Jupin n'en fit que rire.

Cependant Ixion, à l'exemple de tous les courtisans heureux, disoit à ses amis avec une vanité mystérieuse :

« En honneur, depuis quelque temps
Je suis content de ma personne.
— Quelque nymphe de quatorze ans?
— Un peu plus, mais belle, mais bonne!
Des grâces, de la dignité,
De la raison, de la tendresse,
Et surtout de la majesté.
— De la majesté! laquelle est-ce?
Celle des attraits ou du rang?
— Mais... l'une et l'autre. — Apparemment
Minerve reçoit ton hommage!
— Fi donc! une prude, à mon âge!
— La déesse de la beauté?...
— N'a que les grâces en partage,
Et j'ai cité la majesté.
— Junon?... Mais Junon est trop sage. .
— Aussi gardez-vous d'en parler!
Plus une conquête est brillante,
Plus il faut la dissimuler.
D'ailleurs, jamais je ne me vante. »

Enfin, les confidences d'Ixion furent si discrètes et si modestes que Jupiter en apprit par la Renommée beaucoup plus qu'il n'en avoit vu. Alors, pour détromper sa cour, le roi du ciel lui présenta la conquête aérienne d'Ixion[1], et le précipita dans le Tartare. Là les Furies l'attachèrent avec leurs serpens sur cette roue dont le mouvement éternel ne lui laisse pas un instant de repos. Tant qu'il ne fut que fourbe et parricide, Jupiter l'admit à sa cour; dès qu'il fut indiscret, Jupiter inventa pour lui un nouveau supplice. Hélas! tous les Jupiters se ressemblent :

> Auprès d'eux vous pouvez, avec impunité,
> Fouler aux pieds les lois, l'amitié, la nature :
> Leur orgueil ne voit rien pourvu qu'il soit flatté.
> Mais il n'est point de gêne, il n'est point de torture,
>   Qui puisse expier la piqûre
>   Qu'un mot fait à leur vanité.

Celle de Salmonée, roi d'Élide, fut poussée jusqu'au délire. Non content de se faire adorer le jour, il se faisoit traîner la nuit, sur un pont d'airain, dans un char dont la rotation rapide imitoit le roulement du tonnerre. Là, nouveau Jupiter Tonnant, il lançoit des torches enflammées sur quelques malheureux, que ses satellites assommoient subitement, pour imiter la foudre au naturel. Mais, tandis qu'il s'amusoit à foudroyer ses sujets, Jupiter le foudroya lui-même, et re-

---

[1]. On prétend que cette nuée féconde enfanta les Centaures, qui, comme l'on sait, étoient moitié hommes et moitié chevaux.

légua sa divinité dans cette triste demeure, où le feu céleste le brûle sans le consumer.

Près de lui considérez Sisyphe, fameux brigand mis à mort par Thésée. Voyez-vous ce scélérat, le front couvert de sueur et les muscles tendus, rouler péniblement une pierre énorme vers la cime de cette montagne escarpée ? Épuisé de fatigue, il approche du but ; l'espoir du repos le ranime, et, par un dernier effort, il pousse son fardeau jusqu'au sommet. La pierre immobile va prendre son aplomb !... il palpite de joie, immobile comme elle... Soudain elle chancelle, roule, retombe avec fracas, et le supplice du coupable recommence avec son travail.

Au pied de cette montagne, des rameaux chargés de fruits ombragent le cristal d'une source pure. C'est là que Tantale, fils de Jupiter et roi de Phrygie, éprouve un supplice affreux, mais trop doux encore pour son crime. Ce père dénaturé, ayant invité les dieux à sa table et voulant éprouver leur divinité, leur servit les membres de son fils Pélops. Les convives s'abstinrent tous de ce mets exécrable, excepté Minerve, qui, par mégarde, mangea, dit-on, une épaule. Les dieux, saisis d'horreur et de pitié, ressuscitèrent Pélops, lui rendirent une épaule d'ivoire, et ordonnèrent à Mercure d'enchaîner Tantale sous ces arbres fertiles, et de le plonger jusqu'au menton dans cette fontaine. Là, ses lèvres et ses mains avides poursuivent vainement cette onde et ces branches fugitives. La soif le dévore au sein des eaux, et la famine au sein de l'abondance.

Mais, tandis que je vous parle, vos regards se détournent et s'arrêtent sur une multitude de femmes qui s'empressent de tirer de l'eau d'un puits, et la versent tour à tour dans un tonneau sans fond [1]. Vous voyez les cinquante filles [2] de Danaüs, roi d'Argos. Comme Égyptus, son frère, avoit également cinquante fils, les cinquante mariages furent proposés et célébrés en même temps. Mais, le soir même de la célébration, Danaüs, auquel un oracle avoit prédit qu'il seroit détrôné par un de ses gendres, assemble ses filles, et, les armant chacune d'un poignard, leur ordonne d'assassiner leurs époux aussitôt que le sommeil et la volupté auront fermé leur paupière.

> Cependant les jeunes désirs
> De l'Hymen aiguisoient la tendre impatience.
> Enfin la nuit tardive amène les plaisirs;
> Partout la même ivresse et les mêmes soupirs,
> Et cette aimable défaillance,
> Dont le calme, dont la langueur,

---

[1]. D'autres prétendent que leur supplice consistoit à tirer sans cesse de l'eau dans un crible.

[2]. On les appelle *Danaïdes*, du nom de *Danaüs*, leur père; ou *Bélides*, du nom de *Bélus*, leur aïeul.

Ne sont plus le plaisir, mais sont mieux le bonheur.
Morphée arrive alors; mais la Mort en silence
    Suit ses pas, flétrit ses pavots,
Et, dans un seul instant, le tranchant de sa faux
A d'un siècle d'amour moissonné l'espérance.

    A la lueur du jour naissant,
    De remords, de crainte agitée,
    La jeune épouse, en frémissant,
    Fuit de sa couche ensanglantée;
Et de plus près considérant ces yeux
Qui lui disoient hier ce que la bouche n'ose,
    Et cette bouche demi-close,
Dont, cette nuit, la sienne a respiré les feux,
    Et cette couche tiède encore,
Et ces voiles épars, et ce désordre heureux,
Qui devoit augmenter peut-être avec l'aurore;
Tout retrace à ses yeux l'horreur de son forfait.
La pitié dans son sein rallume un feu secret :
Elle plaint, elle embrasse, elle aime sa victime.
Son cœur transit, se glace et brûle tour à tour;
    Les Remords, pour punir le crime,
Ont emprunté les traits et les feux de l'Amour.

Cependant Hypermnestre suivoit à pas précipités le chemin de Larisse, tandis que Lyncée arrivoit à Lyrce, ville voisine d'Argos. La seule Hypermnestre avoit sauvé la vie à son époux. La nuit suivante, ils montèrent l'un et l'autre sur une tour, et, pour s'instruire mutuellement de leur arrivée, ils allumèrent chacun un flambeau.

    A sa foible lueur leurs deux cœurs tressaillirent,
        Se parlèrent et s'entendirent.
    Le flambeau, dans leur main tour à tour agité,

> Leur traçoit la frayeur qu'ils avoient éprouvée,
> Le moment de leur fuite et de leur arrivée,
> Le bonheur de se voir tous deux en sûreté,
> Et de se réunir la prochaine espérance :
>   Il exprimoit avec vivacité
> D'un côté la tendresse et la fidélité,
> De l'autre la tendresse et la reconnoissance.

Peu de temps après, l'oracle fut vérifié : Lyncée, vainqueur de Danaüs, monta sur le trône d'Argos. Les Danaïdes furent condamnées par les dieux au supplice dont vous êtes témoin ; et les Argiens instituèrent la fête des *Flambeaux,* pour célébrer la tendresse conjugale d'Hypermnestre et de son époux.

Les Danaïdes, dans leur triste demeure, ont pour voisin Tityus, fils de Jupiter et de la nymphe Élare. Sa mère étant morte, la Terre, dit-on, le nourrit. Sa taille gigantesque et sa force prodigieuse lui donnèrent tant d'orgueil et d'audace qu'il voulut attenter à l'honneur de Latone. Apollon et Diane, pour venger leur mère, le percèrent de leurs traits, et le précipitèrent dans le Tartare, où son corps étendu couvre neuf arpens de terre. Là, ce misérable sent nuit et jour dans son sein le bec tranchant d'un vautour qui dévore ses entrailles sans cesse renaissantes.

Avant lui, Prométhée, fils de Japet et père de Deucalion, éprouva le même supplice sur le mont Caucase. Voici à quelle occasion :

Ayant détrempé un peu de terre et d'eau, il en forma l'homme à l'image des dieux. Minerve, charmée de la perfection de son ouvrage, lui offrit en récompense l'objet qui lui plairoit le plus dans le ciel. Mais, Prométhée, modeste habitant de la terre, lui ayant répondu :

« On ne peut désirer ce qu'on ne connoît pas[1] »,

Minerve, pour le mettre en état de choisir, le transporte au séjour des dieux. Prométhée, parmi les trésors de l'Olympe, choisit le feu céleste, et vient le déposer au sein de l'homme formé par ses mains.

> Soudain son cœur palpite et son œil étincelle :
> Il se lève et déploie un corps souple et nerveux ;
> Il fixe du soleil la lumière immortelle,
> Et sourit à l'aspect de la terre et des cieux.
> Il sent ; sa voix l'exprime, et son front se colore
> Du feu des passions qui couve dans son sein.
> Ah ! puisse-t-il longtemps y sommeiller encore
>   Pour le repos du genre humain !

Cependant Jupiter, irrité du larcin de Prométhée, résolut, à la manière des rois, d'en punir toute la terre. Il ordonne à Vulcain de modeler une femme d'une beauté parfaite. Il l'anime et la

---

1. *Zaïre,* acte I, sc. 1.

présente aux dieux assemblés, qui lui donnent chacun une grâce ou une vertu, et la nomment *Pandore*[1], c'est-à-dire possédant tous les dons.

Le roi du ciel envoie à Prométhée cette femme accomplie, chargée d'une boîte mystérieuse qu'elle lui présente. Mais Prométhée, se défiant des présens cachés de la beauté, refusa celui-ci. Pandore le porta à son frère Épiméthée, qui, sans examen, ouvrit la boîte fatale.

> C'étoit alors l'enfance de la terre :
> La Bonne Foi, la Paix et la Santé
> A chaque pas rencontroient la Gaîté.
> Tout s'entr'aimoit, tout étoit sœur et frère.
> On ignoroit le nom de la Vertu :
> Avant le mal, le bien fut inconnu.
>   Soudain de la boîte fatale
>   S'échappent le Tien et le Mien,
>   Les Lois, la Chicane infernale,
>   Qui dispute à chacun le sien ;
>   La Guerre, de qui l'art funeste
>   Fait de nous autant d'assassins ;
>   La Douleur, la Fièvre, la Peste,
>   Et, qui pis est, les médecins.

Effrayé de ce déluge de maux, Epiméthée referma promptement la boîte fatale, et y retint l'Espérance près de s'envoler. On assure que depuis ce temps elle est demeurée au fond de la boîte : cependant

---

1. Πᾶν, tout ; δῶρον, don.

De sa prison, soit dit en confidence,
Je la crois échappée; et, dès l'instant flatteur
Qui vit entre nous deux naître la confiance,
Je sentis qu'en secret elle entroit dans mon cœur.

Jupiter, humilié de voir Prométhée échapper à ses embûches grossières, l'accabla noblement du poids de sa toute-puissance. Pour le punir, selon l'usage, d'avoir eu plus d'esprit que son maître, il chargea Mercure et Vulcain de l'attacher sur le mont Caucase, où un vautour lui rongeoit le foie.

Cet acte de despotisme et d'iniquité fit murmurer les hommes et révolta toutes les femmes. « Quel est son crime? s'écrioient-elles, en s'apitoyant sur son sort.

« Sa main a formé l'homme à l'image des dieux?...
Former l'homme, est-ce un mal? Son bras audacieux
    Du feu céleste a dérobé la flamme,
Et dans le corps humain l'a transmise?... Ah! tant mieux!
    Qu'eussions-nous fait d'un corps sans âme!
C'est par ce feu divin que l'homme, chaque jour,
Sent éclore la force et les fleurs du bel âge;
Il lui doit sa raison, sa vertu, son courage.
Et si c'étoit à lui qu'il dût aussi l'amour!...
Du moins on le soupçonne... Ah! si la chose est sûre,
    Jupiter a l'âme bien dure. »

A ces plaintes assez fondées, Jupiter restoit

muet; mais Mercure, chargé d'avoir de l'esprit pour lui, répondoit : « Apprenez, Mesdames, que Prométhée est moins puni[1] d'avoir animé l'homme que d'avoir inventé la femme, source de tous les maux qui attirent sur la terre la vengeance céleste. — Mais, lui répliquoient-elles,

« Si les femmes des dieux attirent le courroux,
Pourquoi soir et matin sont-ils à nos genoux ?
Pourquoi les voyons-nous briguer notre conquête ?
  Pourquoi le monarque du ciel
Vient-il prendre à nos yeux la forme d'un mortel,
  Et souvent celle d'une bête ?
Eh quoi ! nous mépriser et ramper sous nos lois !...
Dites à Jupiter qu'il est de tous les rois
Le plus inconséquent et le plus malhonnête. »

Mercure se dispensa de cette commission ; mais Hercule, protecteur né du beau sexe, délivra Prométhée et le rendit à son ouvrage.

O ma tranquille amie ! ô vous que le destin
Du souffle de l'amour n'a jamais agitée !
  Si Cupidon dans votre sein,
  Par l'entremise d'un humain,
  Transmet un jour le feu divin,
Choisissez-moi pour votre Prométhée.

---

1. Lucien.

LETTRE LXVII

LES FURIES

N'avez-vous pas vu quelquefois
De ces vieilles acariâtres,
Au maintien roide, à l'œil sournois,
Aux traits livides et jaunâtres,
Qui, nuit et jour, de leurs époux
Ont éternisé le martyre,
Et font, depuis trente ans, leur plaisir le plus doux
De déchirer et de médire ?

Voilà précisément le portrait des trois Furies, Alecto, Tisiphone et Mégère, filles de l'Achéron et de la Nuit.

Les Furies que vous avez vues sur la terre ont un air de famille que vous retrouvez ici ; et la seule différence qui distingue les Furies terrestres d'avec les Furies infernales, c'est que celles-ci ont la tête hérissée de serpens, et que celles-là sont presque toujours affublées d'une petite coiffe de dévote.

On assure que ces trois sœurs sont vierges, et les amateurs présument qu'elles le seront encore quelque temps. Leur robe, souillée de sang, est tantôt noire, tantôt blanche : noire quand elles sont irritées, et alors on les appelle *Némèses*[1] ou *Erinnydes*; blanche quand elles s'apaisent, et alors on les nomme *Euménides*[2].

Leur ministère ne se borne pas à châtier de leur fouet vengeur les ombres criminelles; souvent elles volent au séjour des vivans, planent sur la tête de l'homme coupable, et, portant dans son sein leurs flambeaux dévorans, elles commencent pour lui, sur la terre, les supplices éternels du Tartare.

> De sinistres tableaux, de songes effroyables,
>   Elles tourmentent son sommeil;
> De souvenirs affreux, de spectres lamentables,
>   Elles entourent son réveil.
>   Aux chants joyeux de l'allégresse,
> Aux ris de la gaîté, aux accens du plaisir,
>   Son cœur prêt à s'épanouir
> Se resserre accablé du fardeau qui l'oppresse;
> Il voit, sans les goûter, les biens qu'il a perdus,
> Et le Remords lui dit : « Tu ne dormiras plus. »

Le parricide Oreste offrit à la Grèce un exemple effrayant de la sévérité des Furies. Pour les apaiser, il bâtit, au fond de l'Arcadie, un temple dédié aux Furies noires. Il couronna leurs statues de safran et de narcisses; il couvrit leurs autels de

---

1. Furieuses.
2. Bienfaisantes.

fruits et de miel, leur immola une brebis noire, et consuma le corps de la victime sur un bûcher de cyprès, d'aubépine, d'aune et de genièvre. Les déesses implacables, touchées enfin de son repentir, lui apparurent vêtues de blanc; et soudain Oreste éleva un second temple en l'honneur des *Furies blanches* ou *Euménides*. Là, il les couronna d'olivier, leur sacrifia deux tourterelles, et fit, en leur honneur, une libation d'eau de fontaine contenue dans des vases dont les anses étoient couvertes de laine d'agneau. Il évita scrupuleusement de leur offrir du vin ou d'autres liqueurs inflammables : d'après la connoissance qu'il avoit acquise de leur caractère, l'infortuné crut devoir ne leur présenter que des calmans.

Il y a peu de divinités dont le culte ait été aussi étendu que celui des Furies. La crainte élève plus de temples que l'amour. Les ministres du temple qu'elles avoient à Athènes, près de l'Aréopage, composoient un tribunal devant lequel on ne pouvoit comparoître qu'après avoir juré sur l'autel des Euménides de dire la vérité.

Leur sanctuaire servoit d'asile aux criminels; mais souvent ils y éprouvoient un supplice plus horrible que celui qu'ils vouloient éviter. Près de la ville de Céryne, en Achaïe, à peine le coupable avoit-il posé le pied sur le seuil du temple des Furies qu'un délire affreux s'emparoit de ses sens et le faisoit passer, en un instant, de la fureur au désespoir, et du désespoir à la mort. Aussi n'osoit-on qu'en tremblant regarder le temple, ou prononcer le nom de ces divinités redoutables.

Pour moi, si j'avois un asile à proposer à quelque coupable, au lieu de le conduire au sanctuaire des Furies, je lui dirois, en le guidant vers votre demeure :

 « Si tu veux à ta conscience
Rendre la paix et la sérénité,
Viens respirer, auprès de la beauté,
 L'air épuré par l'innocence,
 La candeur et la vérité.
 Là, chaque jour, tu verras naître
 Autant de vertus que d'attraits :
 Un seul instant contemple-les,
 Et tu deviendras pour jamais
 Honnête homme, si tu peux l'être. »

LETTRE LXVIII

HÉCATE

La plus formidable des puissances infernales est la terrible Hécate, dont le corps gigantesque, s'élevant à l'entrée du Tartare, vous présente trois têtes menaçantes [1]. Une couronne de chêne s'entrelace aux vipères dont elle est hérissée ; à ses pieds, des chiens furieux, l'œil étincelant, la gueule béante, poussent des hurlemens lamentables. Sa main droite est armée d'un flambeau, d'un fouet et d'un poignard ; de l'autre, elle tient une clef et une coupe funèbre, pour les libations auxquelles elle préside.

Cette triple divinité se divise pour exercer, sous trois noms, trois pouvoirs différens, dans le Tartare, au ciel et sur la terre.

Hécate au séjour des enfers,
Elle tient les clefs de l'abîme,
D'un fouet sanglant frappe le crime
Et de fiel, à longs traits, abreuve les pervers.

---

1. On lui donne tantôt une tête d'homme, de cheval et de chien, tantôt une tête de chien, de lion et de taureau.

Phébé pendant la nuit, elle règle le cours
De cet astre inconstant dont les métamorphoses
Des Grâces, nous dit-on, séparent les Amours
    Par une barrière de roses.

    Diane à l'ombre des forêts,
    Elle poursuit d'un pas rapide
    Le daim léger, le faon timide,
    L'atteint, le perce de ses traits.
Et si quelque mortel, errant à l'aventure,
Rencontre ses regards plus perçans mille fois
    Que les flèches de son carquois,
Il s'en va languissant et meurt de la piqûre ;
A moins qu'une Émilie, agréant en pitié
    Les tourmens secrets qu'il endure,
    Avec le baume d'amitié
    Ne cicatrise sa blessure.

On prétend que cette déesse prodigue les richesses à ses adorateurs, qu'elle les accompagne dans leurs voyages, et qu'elle dispose en leur faveur des suffrages du peuple et des lauriers de la victoire [1]. Quelquefois elle assiste aux conseils des rois ; plus souvent, errante sur les coteaux ou dans les vallées, elle multiplie les troupeaux ou les frappe de stérilité. C'est pour cette raison que les Athéniens lui présentoient des gâteaux sur lesquels étoit empreinte la figure d'un bœuf ou d'un bélier. Au milieu des carrefours, où sa statue étoit placée, ils lui servoient, tous les mois, un sou-

---

1. Hésiode.

per, que les pauvres mangeoient en son honneur.

Quelquefois on lui offroit une *hécatombe,* ou le sacrifice de *cent* taureaux. De là, selon quelques-uns, lui vient le nom d'*Hécate* [1]. D'autres veulent qu'il lui soit donné parce qu'elle retenoit cent ans sur les rives du Styx les ombres des morts privés de sépulture.

A Rome, on lui sacrifioit, pendant la nuit, des chiens, dont les hurlemens plaintifs écartoient, disoit-on, les esprits malfaisans. Aussi les Romains l'appeloient-ils *Canicide.*

Les habitans de l'Achaïe ensanglantèrent longtemps ses autels, pour expier le prétendu crime du jeune Mélanippe et de Cométho [2].

> Ce couple, qui s'adoroit,
> Au temple se rencontroit
> Pour se conter son martyre ;
> Mais on crut qu'il avoit fait
> Un peu plus que se le dire.

Et là-dessus voilà toutes les consciences alarmées. Par quel sacrifice expiatoire apaisera-t-on la déesse outragée? Le plus atroce est celui que le fanatisme doit choisir. En effet, les prêtres vont, chaque année, arracher des bras paternels un jeune

---

[1]. Du mot grec ἑκατὸν, « cent ».
[2]. Pausanias, liv. VII.

adolescent et une vierge innocente, pour les traîner aux autels de la terrible Hécate, et, les égorgeant avec le fer sacré, ils punissent ces infortunés d'un crime dont ils ignorent même encore qu'on puisse se rendre coupable.

Hécate préside aux mystères de la magie. Les sorciers, ou ceux qui croient l'être, vont furtivement, au milieu de la nuit, se baigner dans un fleuve sur le rivage duquel ils creusent une fosse profonde. Là, revêtus d'un long manteau couleur d'azur, ils immolent une brebis noire, brûlent la victime, et présentent du miel pour apaiser la déesse redoutable, qu'ils appellent sept fois à grands cris. Alors, si le silence religieux du sacrifice n'a été troublé par aucun bruit profane, du fond de la fosse s'élèvent des *Hécatées*, espèces de fantômes qui prédisent à volonté, selon les circonstances et les personnes, par exemple

>Aux veuves de jeunes époux,
>Des Pénélopes aux jaloux,
>A la nymphe des équipages,
>A la grisette des atours,
>A la princesse des hommages,
>A la bergère des amours,
>Au sage une verte prairie,
>Des saules au bord d'un ruisseau
>Un toit de chaume ou de roseau
>Habité par une Emilie;
>Des baisers donnés et rendus
>Avec une égale tendresse,

Des enfans pour toute richesse,
Pour toute grandeur, des vertus;
Chaque année, amitié nouvelle;
Chaque mois, amour plus fidèle;
Chaque nuit, plaisir plus parfait;
Chaque jour, au moins un bienfait;
Chaque soir, une rêverie;
Chaque matin, une folie,
Et, chaque instant, le vrai bonheur
Dans la simplicité du cœur
Et l'innocence de la vie.

LETTRE LXIX

MINOS, ÉACUS ET RHADAMANTE. EUROPE

oici le tribunal incorruptible qui ne juge jamais les actions par les hommes, mais toujours les hommes par leurs actions.

Ici la loi n'a point de commentaire :
Les grands et les petits voleurs,
Sans huissiers et sans procureurs,
Ne peuvent compliquer ni traîner leur affaire.
Point de solliciteur, point d'argent, point d'ami;
Point d'orateur à brillante faconde;
Point d'épices de juge... Aussi
Que de gens ont gagné leur cause en l'autre monde,
Qui la perdent en celui-ci !

Les trois juges qui composent ce tribunal sont Minos, Éacus et Rhadamante. Éacus juge les peuples d'Europe, Rhadamante ceux de l'Asie [1], et Minos, président du tribunal, discute et concilie leurs opinions. Pour vous les peindre tous trois tels qu'ils sont, je vais vous dire ce qu'ils ont fait, et vous le dire en leur présence. Que de magistrats redouteroient un pareil hommage!

Sur les rives de la Phénicie régnoit jadis le bon prince Agénor, fils de Neptune et de Libye. Il n'avoit que deux enfans, Europe et Cadmus. Angélo, fille de Junon, avait dérobé un petit pot du fard de sa mère pour le donner à la jeune Europe. Celle-ci, par l'usage de ce fard divin, avoit nuancé son teint d'une blancheur d'autant plus précieuse qu'elle est plus rare dans ces brûlantes contrées. Comme sa fraîcheur étoit à l'épreuve du soleil, elle se promenoit sans voile sur le bord de la mer, et cueilloit des fleurs avec ses compagnes. Jupiter, qui se trouve partout, ne manqua pas de se trouver là : il vit Europe, l'admira, l'aima ;

> Et, voulant faire sa conquête,
> Ne croyez pas qu'il l'entreprit
> Sous les traits d'un homme d'esprit.

---

1. Il est vraisemblable que depuis longtemps leur juridiction s'est étendue en Afrique et en Amérique.

> Beauté vaut mieux qu'esprit près d'une jeune tête.
> Jupin, expert dans l'art de séduire les cœurs,
> Prit, comme les trois quarts de nos adorateurs,
> La forme d'une belle bête.

Europe aperçoit sur le rivage un taureau d'une blancheur éblouissante ; elle accourt avec ses compagnes. L'animal caressant plie les genoux, se couche, mange dans la main, et se laisse couronner de fleurs.

> Ainsi l'amant qui médite
> De tyranniser un cœur
> Prend la main avec douceur,
> Puis la baise avec ardeur ;
> Puis, la reposant bien vite,
> Feint de trouver son bonheur
> Au-dessus de son mérite,
> Et rougit... Ah ! l'hypocrite !

Les compagnes d'Europe essayent tour à tour de monter sur la croupe du taureau. Il se prête à leurs jeux, et semble s'enorgueillir de ce doux fardeau. Enfin, la timide Europe, enhardie par leur exemple, s'assied sur l'animal docile. Tout à coup il se dresse, bondissant d'orgueil et de joie, et s'élance avec ardeur au milieu des vagues frémissantes. Europe, d'une main, tient une de ses cornes ; de l'autre, elle implore vainement le secours de ses compagnes éperdues. Ses yeux, obscurcis par les larmes, n'aperçoivent déjà plus le rivage lointain; sa voix entrecoupée de sanglots se perd dans le vague des airs; son voile et ses cheveux en désordre flottent au gré des vents.

    Les Tritons et les Néréides,
    Sillonnant les plaines liquides,
Nageoient en foule aux pieds de cet objet charmant.
    Les jeunes frères de Zéphire
Autour d'elle à l'envi murmuroient doucement,
Comme s'ils avoient eu quelque chose à lui dire.
Amphitrite la vit, et craignit un moment
    De voir usurper son empire.

Environnée de ce nombreux cortège, Europe aborde à l'île de Crète. Là, son ravisseur disparoît, et la belle affligée se trouve dans les bras d'un consolateur qui lui dit :

« Vous voyez le coupable. Ah! faites-en justice;
A subir son arrêt d'avance il est soumis.
J'ai fait couler vos pleurs : quel que soit mon supplice,
Je l'aurai mérité. Prononcez ; j'obéis. »

Europe, indécise sur le choix de la punition, consulta l'Amour, qui, suivant l'usage, ayant commué la peine en plaisir, la rendit mère de Minos et de Rhadamante.

Minos trouva les mœurs des Crétois aussi sauvages que les déserts qu'ils habitoient. Il leur enseigna l'art de l'agriculture, et joignit à ce bienfait le plus beau présent qu'un homme puisse faire à ses semblables :

> Trop heureux le mortel qui trace de ses mains
> Les lois dont la sagesse enchaîne les humains!
> Tout s'anime à sa voix. Le monde en sa présence
> Semble se réveiller du sommeil de l'enfance.
> Il a parlé ; déjà le désordre n'est plus.
> Le génie à ses pieds étouffe l'ignorance ;
> L'âge présent lui doit la paix et l'innocence,
> Et la postérité lui devra ses vertus.

Minos eut ce bonheur et cette gloire en partage. Cependant les Crétois lui refusèrent long-temps la royauté. Enfin, pour confondre ses envieux, il déclara qu'il étoit fils de Jupiter ; et, pour le prouver, il prédit qu'il alloit paroître sur le rivage une victime, qu'il fit serment d'immoler à Neptune. Il parloit encore, lorsqu'on vit approcher un taureau d'une blancheur éclatante, et ce prodige lui fit décerner la couronne. Mais le nouveau roi, prenant, avec le sceptre, l'esprit de son état, garda le taureau qu'il avoit promis à Neptune, et lui en sacrifia un de moindre valeur. Hélas !

> Tous ces sages si grands aux yeux de l'avenir,
> Vus de près, sont ce que nous sommes.
> Si leurs vertus nous font oublier qu'ils sont hommes,
> Leurs foiblesses bientôt nous en font souvenir.

Mais, au lieu de scruter avec un œil sévère
Ceux de qui l'existence est pour nous un bienfait,
En taisant leurs défauts, songeons que, sur la terre,
Le meilleur des humains est le moins imparfait.

Minos fut cruellement puni de ce moment d'oubli. Neptune, irrité, remplit sa maison de troubles et d'incestes. Pasiphaé, son épouse, devint mère du *Minotaure,* qui fut, dit-on, moitié homme, moitié taureau. Ce monstre, fruit d'un infâme adultère, fut enfermé dans le labyrinthe, construit par l'ingénieux Dédale. C'est là qu'il dévoroit les malheureux égarés dans les détours de sa sombre demeure.

Androgée, fils de Minos, périt victime de la jalousie des Athéniens, et ce père infortuné ne vengea sa mort qu'après une guerre longue et sanglante.

Phèdre et Ariane, ses filles, devinrent l'une et l'autre victimes des fureurs de l'amour [1]. Ariane fut abandonnée par Thésée sur les rochers déserts de l'île de Naxos; et Phèdre, brûlant d'une flamme criminelle pour le vertueux Hippolyte, s'empoisonna pour abréger des jours que la honte et les remords lui rendoient insupportables.

Rhadamante, frère de Minos, porta en Lycie les lois que ce prince avoit établies dans la Crète.

---

1. Voyez la Troisième Partie, lettre XL.

Il se rendit célèbre par son équité et sa frugalité. Ces deux vertus, qui paroissent d'abord assez étrangères l'une à l'autre, sont cependant inséparables.

> La justice a toujours été
> D'accord avec la tempérance.
> Pourquoi Bacchus, qui dit si bien la vérité,
> Ne peut-il de Thémis gagner la confiance ?
> C'est que sa main n'a pas assez de fermeté
> Pour tenir juste la balance.

Éacus, collègue de Minos et de Rhadamante, dut le jour aux amours de Jupiter et d'Égine, fille d'Asope. Comme Junon, de concert avec le père, éloignoit, par une vigilance continuelle, le dénouement de cette aventure, Jupiter, pour ménager ses momens, changea Asope en fleuve et transporta sa fille dans l'île de Délos. Là, seule avec l'objet de sa tendresse, Égine vouloit s'en tenir aux épanchemens moraux et aux extases sentimentales, dont elle avoit acquis la théorie dans les romans de ce temps-là. Tout à coup, au moment le plus tendre de cette ivresse platonique, son amant disparoît, une flamme pétillante tourbillonne à ses pieds, s'élance sur son sein, l'environne et la pénètre d'une ardeur inconnue. Ses soupirs brûlans, ses caresses expirantes, rappellent son amant; mais il étoit caché sous cette flamme mystérieuse, et, lorsque la nymphe éperdue revit la lumière, elle étoit mère d'Éacus.

Ce prince donna le nom de sa mère à l'île qui l'avoit vu naître, et en gouverna les habitans comme un bon père gouverne sa famille.

Cependant la vengeance couvoit dans le cœur de Junon :

> Car, chez le sexe masculin,
> De la vengeance impatiente
> L'ardeur s'évapore et s'éteint ;
> Mais, au fond d'un cœur féminin,
> La rancune est un vieux levain :
> Plus il s'aigrit, plus il fermente.

Junon, après un demi-siècle, plus irritée que le premier jour, empoisonna toutes les fontaines de l'île d'Égine, et vengea son affront sur les sujets innocens du fils de la femme que Jupiter avoit séduite.

> Il est donc vrai que, « de tous temps,
> Les petits ont pâti des sottises des grands[1] ! »

Éacus, environné de ses sujets expirans, supplia son père de lui ôter la vie ou de la rendre à son peuple. En lui adressant cette prière, il se tenoit appuyé sur le tronc caverneux d'un chêne antique,

---

1. La Fontaine.

habité par une nombreuse fourmilière. Soudain chaque fourmi prend la forme et la figure humaine, et le bon Éacus se retrouve au milieu de ses enfans, auxquels, depuis ce prodige, on donna le nom de *Myrmidons* [1]. La sagesse et l'équité avec lesquelles il les gouverna jusqu'à sa mort lui méritèrent l'honneur de tenir ici la balance qui pèse éternellement le vice et la vertu.

Tels sont, Émilie, les trois juges qui décideront un jour de votre sort et du mien. Quand nous nous présenterons ensemble devant leur tribunal, je leur dirai d'un ton et d'un air contrits :

« Des coupables mortels pour tourmenter les âmes,
Vous les mettez, dit-on, pendant l'éternité,
    En tête-à-tête avec leurs femmes.
Ah ! redoublez pour moi cette sévérité :
    Rendez-moi, je vous en supplie,
    Inséparable d'Émilie.
    Hélas ! je l'ai bien mérité ! »

---

1. Du mot grec μύρμηξ, fourmi.

LETTRE LXX

MERCURE, SALMACIS ET HERMAPHRODITE

En sortant du tribunal des Enfers, quel objet fixe votre attention? Ce sont sans doute ces ombres qui vont y comparoître. Vous souriez? Ne seroit-ce pas de la figure de celui qui les guide?... Eh! précisément !... c'est lui-même ! C'est Mercure, que nous n'avons encore pu trouver ni dans le ciel ni sur la terre, tant il a d'occupations! Profitons de la rencontre; nous y sommes tous deux intéressés :

>Si nous nous quittions pour longtemps,
>Ce messager nous serviroit peut-être.
>Or, avant d'employer les gens,
>On est charmé de les connoître.

Mercure dut le jour aux amours de Jupiter et de *Maïa*, en l'honneur de laquelle le mois de mai lui fut consacré. Il naquit en Arcadie sur le mont Cyllène.

Le jeune fils de Maïa, doué d'une intelligence subtile et d'une discrétion impénétrable, devint le négociateur et le messager du ciel, de la terre, de la mer et des enfers. Jupiter, pour accélérer ses courses mystérieuses, lui attacha des ailes à la tête et aux talons. Il eût dû, ce me semble, en ajouter aux mains, puisque Mercure est aussi le patron des voleurs. Cette dernière dignité ne fut point le fruit de l'intrigue; il ne la dut qu'à ses talens naturels. Le jour même de sa naissance, il lutta avec Cupidon, le renversa d'un croc-en-jambe, et lui vola son carquois. Au moment où tous les dieux le complimentoient sur sa victoire, il escamota le trident de Neptune, l'épée de Mars, les tenailles de Vulcain, la ceinture de Vénus; et, tandis que Jupiter rioit de ces larcins, il lui déroba son sceptre : il eût même enlevé sa foudre; mais, en la touchant, le fripon se brûla les doigts. Cette maladresse le trahit et le fit exiler sur la terre.

> En arrivant dans ce séjour,
> Il endoctrina tour à tour
> Nos bons aïeux et leurs compagnes.
> L'exil d'un homme de la cour
> Est un fléau pour les campagnes.

Apollon, exilé dans le même temps, gardoit les bœufs du bon roi Admète. Mercure, devenu pasteur comme lui, crut devoir s'approprier un troupeau à peu de frais. Dans ce dessein, il profita du moment où, dans un tendre délire, Apollon célébroit sur la flûte ses amours pastorales. Le temps d'une cadence et d'une tenue lui suffit pour détourner et cacher les bœufs au fond d'un bois. Apollon, s'apercevant de ce vol subtil, se lève avec agilité, s'élance vers son arc et ses traits, étend le bras pour les saisir... Soudain ils lui échappent et s'évanouissent, ainsi que le troupeau.

Ces larcins n'avoient eu pour témoin que le vieux berger Battus. Mercure, pour payer sa discrétion, lui donna la plus belle vache du troupeau volé : car, dès ce temps-là, les grands voleurs soudoyoient les petits. Un moment après, le dieu, reparoissant sous la figure d'Admète, demande à Battus des nouvelles de son troupeau, et lui offre deux vaches pour récompense. Battus, calculant comme les négociateurs, vend son secret le double de son silence. Soudain Mercure irrité reprend sa première forme, et change l'indiscret en pierre de touche.

Par elle, de l'or vrai l'on distingue le faux.
 Si, pour les cœurs, comme pour les métaux,
  Elle avoit ce rare avantage,
  Dans tous les procédés d'usage,
  Dans la solide intimité
  De deux Vestales de même âge ;
Dans le désir pressant qu'on a de rendre hommage
  A la supériorité
Des talens d'un rival dont on est enchanté ;
  Dans l'éblouissant étalage
Des propos fugitifs dont la rapidité
Forme, en courant, l'esprit de la société

Ainsi que les vapeurs composent un nuage;
Dans l'oubli de l'argent que l'on nous a prêté,
Dans l'offre qu'on nous fait d'en prêter davantage,
Et dans la part qu'on prend à notre adversité,
Qu'elle découvriroit d'or faux et d'alliage!

Cependant, Apollon ayant découvert l'auteur du vol, ce brigandage fit d'abord beaucoup d'éclat; puis se termina, comme entre les puissances, par des complimens et des présens de part et d'autre. Apollon reçut de Mercure une écaille de tortue, dans l'intérieur de laquelle il avoit tendu quatre cordes, auxquelles le dieu des arts en ajouta trois. C'est ainsi que la lyre fut inventée par le fils de Maïa, et perfectionnée par le fils de Latone. Mercure reçut d'Apollon une baguette de coudrier, qui avoit la vertu de concilier tous les êtres divisés par la haine. Mercure, pour éprouver le pouvoir de ce talisman, le jeta entre deux serpens qui se battoient: soudain ils se réunirent autour de la baguette, y demeurèrent entrelacés, et formèrent ainsi le caducée, principal attribut de Mercure.

On prétend que le caducée avoit la propriété d'assoupir, et même de pétrifier ceux à qui Mercure le présentoit.

Ah! de nos jours, combien d'auteurs
Au style aride, à la plume glacée,
En présentant leurs œuvres aux lecteurs,
Leur présentent le caducée!

La vie pastorale de Mercure le fit adorer comme dieu des bergers. Ils le représentoient portant un jeune bélier, et le plaçoient devant leur porte, ayant à ses pieds un coq, symbole de la vigilance. Ils se persuadoient que les voleurs, par crainte ou par égard pour leur patron, respecteroient l'asile confié à sa garde.

Peu satisfait de ces honneurs champêtres, Mercure entreprit une plus brillante carrière. Il parcourut les grandes villes, et, s'établissant au milieu des places publiques, il y exerça l'art de l'éloquence. Les rhéteurs et les charlatans se mirent sous sa protection. Ils le représentoient avec des chaînes d'or, qui sortoient de ses lèvres et captivoient les assistans par les oreilles.

Le fils de Latone rivalisoit à la tribune avec le fils de Maïa. Le genre du premier étoit plus noble; celui du second, plus séduisant. On applaudissoit aux préceptes de l'un; on suivoit les maximes de l'autre.

>   Et voilà pour quelles raisons
>   Le dieu des arts et le dieu des larrons
>   De l'éloquence ont partagé l'empire.
>   Mais, en parlant plus bas d'un ton,
>   Mercure, dans l'art de bien dire,
>   En sait, je crois, plus qu'Apollon.
>   Celui-ci, tourmenté du démon qui l'inspire,
>   Trouble, entraîne, ravit ses nombreux auditeurs,
>   L'autre, avec un mot, un sourire,
>   Persuade, amollit les cœurs,

>   Et, comme un aimant, les attire.
> L'Innocence, attentive à son début flatteur,
> Ivre de ce qu'il dit, dans ses yeux cherche à lire
> Ce qu'il ne dira pas, pour tenter la pudeur,
> Et se trouve, en sortant de ce tendre délire,
>   Entre les bras de l'orateur.

Mercure jouit quelque temps de ces triomphes ; mais il étoit dans son caractère de vouloir joindre l'utile à l'agréable. Pour y parvenir, il se mit dans le commerce, et composa entre la Fraude et la Bonne Foi un traité mixte, que tous les spéculateurs apprirent par cœur, comme ouvrage élémentaire.

>   En quatre mots, voici comment
>   De la fortune il indique la route :
>   Il commence à l'atermoîment,
>   Et finit à la banqueroute.

Bientôt tous les marchands, édifiés de sa morale, le représentèrent et l'adorèrent tenant d'une main le caducée, de l'autre une bourse pleine. Pour prix de la protection qu'il leur accorda, ils lui promirent d'abord tout l'encens de l'univers, dont ils lui offrirent ensuite un centième par arrangement, pour lui prouver qu'ils avoient profité de ses principes en bonne foi.

Cependant l'absence de Mercure faisoit un vide considérable à la cour céleste.

Depuis son exil, les Amours
Dans le ciel sembloient se morfondre.
Mars et Vénus restoient huit jours
Sans s'écrire et sans se répondre.
Les femmes, les maris, n'osoient,
Entamer la moindre aventure,
Et l'un à l'autre se disoient :
« Mais quand reviendra donc Mercure? »

Enfin Jupin le rappela
Pour un message : « Eh! le voilà !
Est-ce bien lui? qu'il est aimable ! »
Soudain on l'embrasse, on l'accable
De baisers et de billets doux :
« Mon frère, c'est un rendez-vous.
Mon cher ami, c'est une lettre.
Mon cousin, ce sont des bijoux ;
C'est un portrait qu'il faut remettre.
Ceci, c'est un petit roman
Dont j'ai promis un exemplaire.
Ceci, c'est un préliminaire
Pour amener un dénoûment.
Mon cher ami, chez un beau-père
Tu devrois bien me présenter.
Tu devrois me faire inviter
A dîner chez une grand'mère.
Tu devrois endormir Junon.
Tu devrois, lorsqu'à la sourdine
Je souperai chez Proserpine,
Lire la gazette à Pluton.
Tu devrois auprès d'Amphitrite,
Quand son mari sera... — Suffit.
— Tu devrois chez Minerve... — Eh ! vite
Donnez-moi vos paquets. » Il dit
Et vole aux enfers, sur la terre,
Au fond des bois, au sein des eaux,
A Gnide, à Paphos, à Cythère,
Dans les palais, dans les hameaux,

> Aux bains, aux tables, aux toilettes ;
> Il fait tant enfin que l'Amour,
> Partout, avant la fin du jour,
> Avoit trois fois payé ses dettes.

L'aisance avec laquelle Mercure s'acquittoit de ses missions les plus épineuses lui donnoit une certaine grâce dont Vénus eut peine à se défendre. On prétend même que, dans une affaire importante, cette déesse, l'ayant choisi pour négociateur, mit tant d'intimité dans la négociation qu'au bout de neuf mois le résultat de leurs conférences fut un petit frère de l'Amour, auquel on donna le nom d'Hermaphrodite [1]. Cet enfant réunissoit les talens de son père et les grâces de sa mère. Dès sa jeunesse, il cultiva les sciences et voyagea pour s'instruire. Fatigué de ses courses lointaines, il se baignoit un jour dans une fontaine située au fond d'un riant bocage de l'Asie. La jeune Salmacis le vit et l'aima : car le voir, c'étoit l'aimer.

> Soudain, à ses regards prodiguant ses *trésors*,
> Elle veut lui prouver sa flamme ;
> Mais Hermaphrodite est un corps
> Où l'Amour n'a pas mis une âme.

Il conjure les dieux de le délivrer des embrasse-

---

[1]. Mercure est surnommé *Hermès*, et Vénus *Aphrodite*. *Hermaphrodite* signifie donc fils d'Hermès et d'Aphrodite.

mens de son amante; elle les supplie de la rendre inséparable de ce qu'elle adore. Sa prière, plus juste, est exaucée : bientôt leurs deux corps n'en forment plus qu'un, d'une beauté parfaite, mais d'un sexe un peu équivoque.

> Leurs charmes douteux réunis
> D'Amour excitent la surprise.
> Le berger enflammé croit brûler pour Cypris,
> La bergère pour Adonis,
> Et rougissent de leur méprise.

Cette beauté ambiguë prit le nom d'*Androgyne*[1], et fit mille conquêtes de part et d'autre. Mercure, chargé sans cesse pour elle ou pour lui de messages contradictoires, y renonça pour vaquer à ses nombreuses occupations.

Elles varioient à chaque instant, et son nom varioit avec elles : *Mercure*, il présidoit au commerce; *Hermès*, aux ambassades et aux négociations; *Nomius*, aux lois du commerce, de la musique et de l'éloquence; *Agoræus*, aux places des marchés publics; *Vialis*, aux grands chemins, sur lesquels il étoit souvent représenté sous la forme d'une pierre carrée : c'est de là que lui vient l'épithète de *Quadratus*. Le surnom de *Triceps* lui fut donné parce qu'il exerce en même

---

1. Ἀνδρὸς, γυνή, homme et femme.

temps ses talens au ciel, sur la terre et dans les enfers.

Au ciel, il convoque le conseil des dieux, dont il est l'huissier et le secrétaire. Il préside à leurs banquets et en balaye la salle, ainsi que les principaux appartemens du palais de Jupiter. Sur la terre, il dirige le génie des marchands, des voleurs, des orateurs, des plaideurs, des vendeurs d'orviétan; il protège et conseille les pasteurs, les amans, les maîtresses, femmes, filles et veuves de tout âge et de tout état. Aux enfers, il est l'introducteur des âmes. Il arrive précisément au dernier instant de l'agonie, pour recevoir l'esprit du moribond et le conduire, la baguette à la main, jusqu'à la barque de Caron, qui s'en charge pour une obole. Après un certain nombre de siècles, il ramène tour à tour les âmes sur la terre, et les loge dans le corps des enfans que l'hymen va mettre au jour. Les moralistes demandent, depuis longtemps, comment il les introduit dans leur nouvelle demeure. Dès qu'ils auront reçu une réponse, je vous en ferai part.

C'est sur cette transmigration des âmes qu'est fondé le système de la métempsycose, dont je vais vous entretenir, après vous avoir parlé du culte et des attributs de Mercure.

On le représente jeune, leste et riant, presque toujours nu, quelquefois à moitié couvert d'un petit manteau. Sa tête et ses talons portent toujours des ailes. Il tient, suivant la circonstance, un caducée, une bourse, des chaînes d'or, une lyre ou une baguette; et l'on met à ses pieds un coq, une tortue ou un bélier.

Les Grecs et les Romains célébroient ses fêtes principalement au mois de mai. Ils adossoient souvent sa statue à celle de Minerve, et lui présentoient, comme dieu de l'éloquence, les langues des victimes qu'ils immoloient à la déesse.

Comme il paroît presque impossible que ce dieu infatigable ait toujours pu vaquer seul à tant d'occupations différentes, on a prétendu qu'il y avoit eu plusieurs Mercures. Cicéron lui-même en compte jusqu'à cinq. Mais pourquoi refuser de croire chez les dieux ce que je vois sans cesse sur la terre?

<pre>
     Je sais quelqu'un qui, chaque jour,
     Au Ciel adresse sa prière,
     Cultive ensuite tour à tour
     L'amitié, les arts et l'amour;
   De l'indigent visite la chaumière,
     Du riche embellit le séjour;
Et, quittant ses lambris pour un dais de verdure,
Seule, va contempler et sentir la nature;
        Qui prête à la société
        Son esprit, ses grâces brillantes,
   Et court verser des larmes consolantes
        Dans le sein de l'adversité;
   Qui donne un prix aux moindres bagatelles,
     Qui, sans mentir, embellit les nouvelles,
Qui flatte la laideur, sourit à la beauté,
</pre>

Plaide pour les absens et pour la vérité ;
　　Qui lit, qui peint, qui chante, file,
Médite, brode, et passe avec légèreté
De la philosophie à la frivolité,
　　Et de l'agréable à l'utile.
« Comment, me direz-vous, culviter en un jour
L'amitié, la nature, et les arts, et l'amour,
L'esprit, la charité, la vertu, la folie?
　　C'est un prodige ! » Il est vrai ; cependant,
　　　　Pour y suffire, il est constant
Qu'il est et qu'il ne fut jamais qu'une Émilie.

LETTRE LXXI

LA MÉTEMPSYCOSE

Voulez-vous savoir, Émilie,
Pourquoi vous avez de beaux yeux,
Des traits nobles et gracieux,
Colorés par la modestie?
C'est que vous fûtes autrefois
Bon citoyen, bon fils, bon père, bonne femme,
Soumis aux dieux, soumis aux lois.
Pour en récompenser votre âme,
Le Destin l'a logée en ce charmant séjour,
Éclairé par l'esprit, embelli par l'amour.
Mais, si vous abusez de ce rare avantage,
Si vous n'adoucissez l'excès de vos rigueurs,
Craignez qu'un jour le Sort ne venge l'esclavage
Auquel vous soumettez nos cœurs.
En quittant ces attraits, vous deviendrez peut-être,
Durant vingt siècles, tour à tour,
Singe ou prédicateur, pantin ou petit-maître,
Sangsue ou financier, procureur ou vautour.

Ce n'est pas tout, vous tourbillonnerez ensuite de planète en planète; vous irez vous épurer au centre brûlant du soleil; puis, après cet immense circuit, vous reviendrez au point où vous êtes, pour recommencer un autre voyage. D'après ce système, on a bien raison de dire que nous sommes des voyageurs dans cette, vie on pourroit même ajouter, et dans l'autre.

Au reste, le principe le plus universel de la métempsycose, c'est que nos âmes, après nous avoir quittés, passent dans le corps des êtres qui, par leurs inclinations, ont le plus de rapport avec notre caractère.

> [1] Ainsi, pour embellir sa cour,
> Si Pluton, quelque temps, chez lui vous fait descendre,
> Quand vous remonterez au terrestre séjour,
> On verra le phénix renaître de sa cendre.

Les Indiens, les Perses et tous les Orientaux se sont soumis à la métempsycose, sans aucune restriction; ils ont consenti à ce que leur âme passât du corps d'un homme dans celui d'un animal, et de celui-ci dans un arbre ou une plante, parce que tout ce qui végète vit, et que tout ce qui vit doit avoir une âme. Ce système peut offrir quelquefois de tendres souvenirs et d'agréables images : assis près de vous, à l'ombre

---

1. Dans la première édition, au lieu de ces quatre vers, on lisoit les suivans :

Aussi, lorsque autrefois je voyois mettre à mort
Le compagnon de saint Antoine,
Je m'écriois en déplorant son sort :
« *Barbares, arrêtez! vous égorgez un moine.* »

d'un orme vénérable, je puis vous dire, en style de métempsycose :

Dans le corps caverneux de cet antique ormeau
Est renfermé l'esprit d'un Nestor du hameau.

 Ces oiseaux qui, battant des ailes,
 Se caressent sur ce rameau,
 Ont été deux époux fidèles.
Ils furent moissonnés au printemps de leurs jours;
 Ils sont devenus tourterelles
 Et recommencent leurs amours.

 Cette timide violette
 Fut une bergère discrète,
Qui, des amans craignant la trahison,
 Se cachoit dans la solitude,
 Et, par crainte ou par habitude,
 Se cache encor sous le gazon.

 Cette rose fraîche et vermeille
 Fut une belle du grand ton ;
 Son amant étoit cette abeille,
 Et son abbé ce papillon.
Cet aigle fut le chantre d'Ilion ;
 Ce cygne, celui d'Italie ;
 Cette fauvette étoit Délie ;
 Ce rossignol, Anacréon.

Telle étoit, dans le principe, la marche de la métempsycose. Mais, quelques siècles après, la diète générale des Métempsycosistes décréta qu'à l'avenir la transmigration des âmes ne se feroit plus que dans des corps *homogènes*, c'est-à-dire de même nature. Cette opinion néanmoins fut toujours combattue par les zélés partisans de Pythagore.

Ce philosophe fut le premier propagateur du système de la métempsycose ; et il se souvenoit si bien de tous les corps que son âme avoit habités, qu'un jour, ayant aperçu un antique bouclier suspendu à la voûte d'un temple, il s'écria : « Voici le bouclier que je portois au siège de Troie, lorsque j'y combattis sous le nom d'Euphorbe. »

Le système de la métempsycose a été conservé jusqu'à nos jours, dans toute son étendue, par une partie des peuples de l'Inde, et surtout par les Bramines, qui, dit-on, entretiennent des hôpitaux pour tous les animaux malades, persuadés qu'en les secourant, ils soulagent peut-être leurs parens ou leurs amis. Cette folie, je l'avoue, me paroît si intéressante que, si je perdois ce que j'ai de plus cher au monde, je me trouverois trop heureux peut-être de pouvoir l'adopter.

> Si j'avois le malheur de vous survivre un jour,
> La consolation du reste de ma vie
>   Seroit d'aller recueillir tour à tour,
>   Dans chaque objet, les traits de mon amie.
> Je trouverois dans le cristal des eaux
> La pureté de votre âme paisible,
>   Et dans la douceur des agneaux

Celle de votre cœur sensible.
Le chien me traceroit votre fidélité.
Je reconnoîtrois chez l'abeille
Votre aimable industrie et votre activité.
Je reverrois votre beauté
Dans les trésors naissans de la rose vermeille,
Dans les baisers de l'oiseau de Vénus
Votre flamme innocente et pure :
Ainsi vos charmes, vos vertus,
Me sembleroient épars dans toute la nature.

LETTRE LXXII

LES CHAMPS-ÉLYSÉES

Qu'on s'égare à plaisir dans ce riant bocage!
Quel calme on y respire en respirant le frais!
Sans doute le Bonheur, l'Innocence et la Paix,
En renonçant au monde, ont ici, pour jamais,
Fixé leur tranquille ermitage.
Nul souci, nul chagrin n'oseroit de ces bois
Troubler l'heureuse solitude;
Et, près de vous, mon cœur, pour la première fois,
Soupire sans inquiétude.

Cependant une réflexion involontaire attiédit peu à peu le charme qu'inspire l'aspect de ces beaux lieux : cette verdure naît toujours et ne meurt jamais; ce jour, sans cesse à son aurore, ne décline jamais vers son couchant; toujours le même zéphyr donne le même mouvement à ce même feuillage : dans mille siècles, ces ondes, éternellement paisibles, réfléchiront les mêmes objets, et baigneront ce même rivage où les mêmes ombres viendront goûter le même repos.

A l'aspect fatigant de cette monotone félicité, ne sentez-vous pas votre imagination s'engourdir, et votre cœur tomber en léthargie?

> Quoi! si nous habitions ces lieux,
> Nous nous verrions toujours! toujours des mêmes yeux!
> Nous n'éprouverions plus de craintes ni d'alarmes!
> Tranquilles le matin et tranquilles le soir,
>   Nous ne verserions plus de larmes,
> Et nous serions réduits à n'avoir plus d'espoir!
> Quoi! je ne serois plus grondé! quoi! mon amie,
> Il faudroit renoncer aux raccommodemens!
> Ah! gardons-nous-en bien! le bonheur des amans
>   N'existe qu'autant qu'il varie.
>   L'hiver fait valoir le printemps;
> L'azur du ciel plaît mieux parsemé de nuages;
>   Et qui n'a jamais vu d'orages
>   N'a jamais joui du beau temps.

Voyez ces ombres silencieuses errer paisiblement autour de nous. Elles goûtent sans émotion le plaisir d'être ensemble, et se réunissent ou se séparent avec la même sérénité. Ce bonheur me paroît plus digne d'admiration que d'envie. Si pourtant vous en voulez connoître la source, approchons de ce rivage parsemé de pavots, et suivez des yeux le cours insensible du Léthé. Ce fleuve promène lentement, avec ses ondes, l'insouciance des choses de la vie. C'est là que les morts vertueux, en entrant dans l'*Élysée* par cette porte d'ivoire, boivent à longs traits l'oubli des peines et des plaisirs qui ont rempli leur courte existence. Les malheureux! Puisqu'ils recourent à ce fatal remède, ils n'ont donc jamais aimé!

> Quand on a connu la douceur
> Et le charme de la tendresse,
> Comment peut-on renoncer au bonheur
> De s'en entretenir et d'y rêver sans cesse!
> Ah! mieux que les eaux du Léthé,
> De nos jeunes amours la tendre rêverie
> Éteint le souvenir des peines de la vie,
> En ranimant celui de la félicité.

Croyez-moi, mon amie, évitons cette onde fatale; sauvons-nous par la porte d'ivoire, et retournons bien vite sur la terre avant l'heure où la nuit pourroit nous y surprendre. Ici, elle ne déploie jamais ses voiles, et c'est encore un de mes griefs contre ce séjour bienheureux.

> Élysée, asile où le Sage,
> Vainqueur du Temps et de la Mort,
> Goûte éternellement les délices du port,
> Après avoir longtemps lutté contre l'orage,
> Chez vous jamais la nuit ne remplace le jour!

Quel moment vos héros donnent-ils à l'Amour?
Sous ces ombrages frais ils discutent sans cesse
Sur la raison, sur la sagesse,
Sur les vrais plaisirs, les vrais biens;
Et, dans ces éternels et graves entretiens,
Pas un seul mot de tendresse !
A quoi donc songent-ils !... O champs Élysiens !
Notre félicité n'est qu'une ombre légère;
Votre bonheur est un bonheur sans fin,
Et la raison veut que je le préfère;
Mais, pour en bien jouir, j'ai l'esprit trop mondain,
Et je vais m'arranger avec mon médecin
Pour qu'il me laisse encor cinquante ans sur la terre.

ÉPILOGUE

Lorsqu'assis sur les bords de la Seine sanglante,
    J'ébauchois ces légers tableaux,
    Souvent j'ai senti les pinceaux
S'échapper de ma main tremblante.

Avec tous mes amis je me sentois mourir ;
Le ciel avoit au meurtre abandonné la terre.
A l'aspect des bourreaux le jour sembloit pâlir,
Et la vapeur du sang rougissoit l'atmosphère.

Courbé sous la douleur, marchant à pas pesans,
Quelquefois j'élevois mes regards languissans
Vers ces sombres cachots où l'Amour, le Génie,
    Et les Vertus, et les Talens,
Épuisoient lentement la coupe de la vie.
Je ressentois les maux de tant de malheureux ;
Et, me félicitant d'expirer avec eux,
Au pied de leurs cyprès je déposois ma lyre.

    Mais, quand j'appris que la Beauté,
Que l'Innocence, au sein de la captivité,
Pour charmer leurs ennuis, avoient daigné me lire,
    Je m'écriai, plein d'un nouveau délire :
« Êtres intéressans, si j'ai tari vos pleurs,

ÉPILOGUE

Si mes accens ont pu suspendre vos douleurs,
Si même, un seul instant, ils vous ont fait sourire,
Jusqu'au dernier soupir pour vous je veux écrire.

« Ranimez mes esprits, grands dieux !
Et que votre bonté m'inspire
Le langage qui parle au cœur des malheureux. »
C'est ainsi, mon aimable amie,
Que ces foibles essais verront encor le jour :
J'écris pour les Vertus, les Grâces et l'Amour,
En écrivant pour Émilie.

A ÉMILIE

Villers-Cotterets, le 20 brumaire an VII.

Je vous écris sous les yeux de ma mère,
Sous un ciel pur, sous l'ombrage enchanteur
De la forêt profonde et solitaire :
Vous seule ici manquez à mon bonheur.

Je plains ces dieux dont je trace l'image.
Quoique immortels, point ne voudrois contre eux
Changer mon sort : la vie est un passage;
Mais, en passant, ici je suis heureux.

Plaisirs brillans ne me font nulle envie;
Peu de richesse et de luxe encor moins,
Paix et travail ; voilà toute ma vie,
Qui coule et fuit sans trouble et sans témoins.

Quoique l'Automne ait vidé sa corbeille,
Quoiqu'à Paris tout semble m'inviter,
Depuis qu'aux champs la nature sommeille;
Ma mère est là : je ne puis la quitter.

Eh! qu'opposer à ce nœud plein de charmes,
Quand, m'embrassant avec un doux transport,
Elle me dit, les yeux remplis de larmes :
« Tu pars, mon fils! te reverrai-je encor!

« Si ton amour, sur mon hiver moins sombre,
Fait luire encore un rayon de printemps,
De mes beaux jours pourquoi borner le nombre?
Reste!... Demain sera-t-il encor temps !

— Moi te quitter!... Non, ma mère; j'oublie
Muses, beaux-arts, plaisirs et tout Paris,
Tout... Mais, hélas! mais ma chère Émilie
Qui m'attendoit!... Écrivons. » Et j'écris.

Ainsi le fils qui vous devra la vie,
Vous consacrant ses soins et ses beaux jours,
Oubliera tout, excepté son amie,
Qui grondera, mais l'aimera toujours.

SIXIÈME PARTIE

LETTRE LXXIII

L'OCÉAN, LES NÉRÉIDES

L'Océan, fils du Ciel et de Vesta, épousa Téthys, sa sœur, dont il eut trois mille enfans[1]. Vous voyez, Émilie, qu'à cette époque le liquide empire ne manquoit pas d'héritiers. Cependant, soit que le souverain des ondes trouvât le partage difficile à faire entre tant de prétendans, soit qu'en bon père il voulût épargner à ses enfans les chagrins inséparables de la royauté, il résolut de céder ses vastes États à Neptune, fils de Saturne, son frère.

A cette nouvelle, ses nombreux enfans s'alar-

---

1. Hésiode.

mèrent plus ou moins, suivant leur degré de sagesse ou d'ambition. Mais l'Océan, les ayant convoqués dans son palais de cristal orné de corail et de perles, prit en main son trident, s'assit sur sa conque royale, et leur dit d'un ton affectueux et paternel :

« Mes chers enfans, ce n'est rien que la vie,
Et la grandeur, et l'immortalité.
Il n'est de biens vraiment dignes d'envie
Que l'innocence et la tranquillité.
Or, l'innocence avec l'autorité,
La paix du cœur avec la royauté,
N'ont pu jamais aller de compagnie.

« Vous êtes tous unis, vous vous chérissez tous :
  Ce bien vaut mieux qu'un diadème.
Demain, mes fils, s'il falloit entre vous
  Partager l'empire suprême,
  Adieu l'amitié, le repos,
Et cette confiance, et ces aveux sincères,
Et ces rapports de goûts, de plaisirs, de travaux,
Qui rendent, tous les jours, nos plaisirs si nouveaux,
  Et nos heures si passagères !
  Dès que vous aurez des rivaux,
  Vous cesserez d'avoir des frères.

« Ne quittez point ce bien pour l'éclat mensonger
D'un bonheur apparent qui n'est rien en lui-même ;
  Quand on est aimé, quand on aime,
  On ne peut que perdre à changer.
Retournez, croyez-moi, dans vos grottes profondes.
Là, sous l'ombre des bois, ou le long des coteaux,
  Des fleuves dirigez les ondes,

Ou faites sous les fleurs serpenter les ruisseaux.
Le dieu d'un lac paisible ou d'une source pure
Est cent fois plus heureux au fond de ses roseaux,
Étendu sur son lit de mousse et de verdure,
Que le dieu souverain de l'empire des flots.

« Vous vous rencontrerez dans vos courses tranquilles.
        Ensemble vous féconderez
La culture des champs, le commerce des villes.
Utiles sans orgueil, en tous lieux désirés,
Et faisant circuler le bonheur sur la terre,
Heureux de vos bienfaits, mes fils, vous reviendrez
        Vous réunir chez votre père.

« Et vous, qui prétendez à votre aimable loi
        Soumettre tout ce qui respire,
Pour régner sur les cœurs, mes filles, croyez-moi,
        Renoncez à tout autre empire ;
        Il y va de votre bonheur,
        Et même un peu de votre honneur :
Car comment pourrez-vous vous flatter qu'on vous aime,
Si sur vous la couronne attire tous les vœux ?
        Et comment peut-on vivre heureux
Quand on n'est jamais sûr d'être aimé pour soi-même ?
Voilà pourtant le sort des princes et des dieux.
Je prétends vous soustraire à ce malheur extrême.
Le véritable amour n'est point ambitieux ;
        Un bon époux sans diadème
Vous respectera moins, mais vous aimera mieux. »

    Il dit. Soudain, sur les rives de l'onde,
A l'ombre des forêts, dans les antres déserts,
Les fortunés enfans du souverain des mers,
Savourant leur bonheur dans une paix profonde,
D'amour et d'amitié remplirent l'univers.
Heureux siècle, qui vis trois mille heureux au monde !

> De ces temps de félicité
> Nous avons tout perdu, jusques à la mémoire ;
> Nos aïeux ont transmis à la postérité
> Les monumens pompeux de leur chétive gloire,
> Et les récits ensanglantés
> De ces illustres cruautés
> Que l'orgueil décora du nom de la victoire ;
> Et dans tout ce chaos de crime, de grandeur,
> Et de foiblesse et de puissance,
> Pas un vestige d'innocence,
> Pas un souvenir de bonheur !

L'Océan, après son abdication, conserva, ainsi que Saturne, son frère, le titre de père des dieux et des hommes, parce que l'eau est un des principes de l'existence animale, et que, sans elle, la vie cesse de circuler dans nos veines. A ce titre, tout ce qui végète est soumis à son empire ; et Flore, au printemps, lui doit l'hommage de sa couronne.

Au reste, il existe entre le dieu des mers et la déesse des fleurs, une vieille amitié et même d'anciens intérêts de famille : Nérée, fils de l'Océan, ayant épousé sa sœur Doris, en eut cinquante filles, que Flore admit à sa cour. Les Néréides, sous le nom de Naïades, de Dryades et de Napées, furent chargées par la déesse d'entretenir et de soigner les trésors de son empire. Les Naïades arrosèrent les fleurs naissantes avec leurs urnes argentées ; les Dryades, aidées des Zéphires, conservèrent la fraîcheur et l'ombre des bocages ;

et les Napées, assises à l'ombre des saules, protégèrent contre les aquilons la verdure et l'émail des prairies.

O mon amie! quand pourrai-je, sous les auspices de ces nymphes, me fixer avec vous dans leur asile champêtre! Comme l'abeille thésaurise pour l'hiver le miel qu'elle recueille au printemps, j'épargne peu à peu les fruits légers du travail de ma muse, dans l'espoir de vous procurer un Élysée et d'ajouter à notre automne quelques journées de l'âge d'or.

> Je veux un jour avoir une chaumière
> Dont un verger ombrage le contour,
> Pour y passer la saison printanière
> Avec ma mie et ma muse et l'amour.
>
> Le caveau frais, la cuisine petite,
> Salle à manger de dix pieds de longueur,
> Où les amis qui me rendront visite
> Seront toujours mal traités de bon cœur.
>
> Chambre à coucher pour moi, pour mon amie,
> Toilette auprès, cabinet à côté
> Pour le berceau d'une jeune Émilie;
> Plus loin, un lit pour l'hospitalité.
>
> Point de remise, et, pour toute écurie,
> L'humble réduit d'un âne et d'un ânon,
> Qui serviront de coursier à ma mie,
> Et de Pégase au fils de la maison.

Poulets, dindons et coqs grattant la terre,
De mon fumier disputeront le bien;
Et le chapon, heureux célibataire,
S'engraissera sans se mêler de rien.

Là, la couveuse, élevant sa famille
Avec tendresse, avec sévérité,
A quatorze ans, fera rêver ma fille
Sur les devoirs de la maternité.

J'espère aussi loger en même gîte
Dame Génisse auprès de dom Pourceau.
Puisqu'il se plut avec un vieil ermite [1],
Il doit se plaire avec la jeune Io [2].

Dans le jardin, auprès du chèvrefeuille,
Vigne, jasmin, pois, choux, rose, navet,
Laitue, œillet, je veux que l'on y cueille
Une salade en cueillant un bouquet.

Je voudrois bien encor qu'une onde pure
Dans mon verger suivît de longs détours.
L'eau sur ses bords invite la verdure,
Et la verdure invite les amours.

Point de fossés, point de murs; pour clôture,
L'humble sureau, l'aune ou le coudrier.
Que la bergère y détache la mûre,
Ou de noisette emplisse son panier.

Avec du temps et de l'économie,
Je paîrai tout, quoique poète; mais
La paix du cœur et l'emploi de la vie,
Plutus ni moi ne les paîrons jamais.

---

1. Saint Antoine.
2. Io, changée en vache par Junon. (Voyez la Première Partie.)

LETTRE LXXIV

NEPTUNE, LAOMÉDON

Neptune, en prenant les rênes de l'empire des mers, fit hommage de sa couronne au dieu de l'Océan, qui, pour perpétuer sa suzeraineté, donna son nom à la plus vaste partie de ses anciens domaines.

Le nouveau roi étoit fils de Saturne. Celui-ci, comme je vous l'ai dit, avoit contracté l'habitude de manger ses enfans au berceau. Heureusement Cybèle, son épouse, qui avoit adroitement substitué une pierre à Jupiter, son fils aîné, mit un cheval à la place de Neptune. Si la première méprise du bon Saturne est peu vraisemblable, la seconde est au moins contradictoire. En effet, le cheval n'existoit pas encore à la naissance de Neptune, si, comme on l'assure, il naquit dans la suite d'un coup de son trident. Or, à quoi bon rendre ce dieu plus jeune qu'un être auquel il a donné le jour? Passe encore si c'étoit une déesse : ce qui seroit flatteur pour l'une devient presque offensant pour l'autre. Il faut rajeunir l'amour et vieillir la gloire.

> C'est ainsi, pour flatter les belles et les dieux,
> Qu'on étend ou restreint l'ordre des destinées :
> Tous les jours sont des ans pour eux,
> Et pour elles les ans à peine des journées.

Neptune, comme la plupart des princes, partagea sa vie oisive entre l'amour et l'ambition ; comme eux, il trompa impunément toutes les femmes, et ne put impunément tromper un roi. Jupiter, ayant découvert qu'il conspiroit contre lui, l'exila du ciel avec Apollon et les autres conjurés.

Laomédon relevoit alors les murs de Troie. Comme les dieux savent toujours le mieux ce qu'ils ont le moins appris, il se trouva que Neptune étoit un excellent architecte, et Laomédon le pria de rebâtir ses murailles. Durant ce travail, Apollon jouoit de la lyre pour animer les ouvriers et récréer les princesses troyennes, qui, le fuseau à la main, venoient sur le rivage filer les vêtemens de leurs époux. Cependant les pierres taillées par Neptune s'élevoient et se plaçoient d'elles-mêmes, tandis qu'Apollon chantoit en s'accompagnant de sa lyre :

> « Embellissez ce bord tranquille,
> Croissez, remparts majestueux.

Murs naissans, protégez l'asile
D'un peuple aimable et vertueux.
Loin d'ici le trouble et la crainte!
Que le paisible voyageur
Ne quitte jamais cette enceinte
Sans avoir trouvé le bonheur.

« Que dans ces ports l'heureux navire
Vienne chercher la sûreté.
Là régneront le doux Zéphire,
Le calme et l'hospitalité.
Là les fiers habitans de l'onde
Viendront, après de longs travaux,
Échanger les trésors du monde
Pour l'amitié, pour le repos.

« Sur cette enceinte foible encore,
Un jour en portant vos regards,
Vous direz : « Tout ce que j'adore
« Est renfermé dans ces remparts. »
Portes qu'une garde sévère
Ferme aux cœurs froids, durs et jaloux,
Ouvrez-vous à la voix d'un père,
D'un fils, d'un ami, d'un époux.

« Ressouviens-toi, dieu de la guerre,
Que Vénus règne en ce séjour.
Sur ces bords éteins ton tonnerre
Avant de paroître à sa cour;
Et, si le prince de Cythère
Ose le rallumer un jour,
Épargne, en faveur de sa mère,
Ces murs protégés par l'Amour [1]. »

Laomédon, charmé des talens du chantre et de

---

[1]. Allusion au siège de Troie, dont je parlerai dans l'histoire des héros de l'antiquité.

l'architecte, les combla d'éloges; il les fatigua même d'égards et d'attentions; mais il eut le malheur d'oublier le prix dont il étoit convenu avec eux; et, comme ils prirent la liberté de le lui rappeler, le roi, qui ne permettoit pas que dans son royaume personne eût plus de mémoire que lui, leur enjoignit, d'un ton très persuasif, de quitter à l'instant ses États.

Apollon, qui, en sa qualité de courtisan disgracié, avoit perdu le pouvoir de faire le bien, mais non pas celui de faire le mal, infecta l'air d'une vapeur pestilentielle, tandis que Neptune inondoit les champs troyens et suscitoit un monstre marin qui ravageoit cette malheureuse contrée. L'oracle, consulté, ordonna, pour apaiser les dieux offensés, d'exposer tous les ans une jeune fille à la fureur du monstre. Bientôt le sort désigna pour ce sacrifice Hésione, fille de Laomédon. Heureusement Hercule, le modèle et la fleur de l'antique chevalerie, arriva précisément pour délivrer la princesse; et Laomédon, qui l'avoit promise à son libérateur, trahit encore sa promesse. Ce parjure fut le dernier. Hercule, d'un coup de massue, vengea les dieux, les hommes et les femmes peut-être, que Laomédon avoit trompés.

Je vous parlerai quelque jour de ce héros qui fut si grand par sa vertu; revenons à Neptune, qui ne le fut guère que par sa naissance.

Il essaya de se signaler en disputant à Minerve l'honneur de donner son nom à la ville d'Athènes. A peine de son trident eut-il frappé la terre que soudain, l'œil ardent, le crin hérissé, la bouche écumante, le cheval s'élança du sein de Cybèle, en bondissant au son de la trompette guerrière.

> Plus modeste dans ses bienfaits,
> Minerve, préférant le bonheur à la gloire,
> Fit naître l'olivier, symbole de la paix,
> Et Minerve obtint la victoire.

C'est à cette occasion que Neptune fut surnommé *Hippios*, cavalier. Tous ceux qui, pressant un cheval vigoureux ou dirigeant un char rapide, disputoient le prix dans la carrière olympique, adressoient des prières et promettoient des offrandes à Neptune, avant de tourner la borne fatale sur laquelle s'élevoit la figure d'un mauvais génie qui épouvantoit les chevaux.

> Mais, dès que la force ou l'adresse
> Avoit fait décerner le prix,
> Le vaincu se croyoit libre de sa promesse ;
> Le vainqueur n'avoit rien promis.

Les Romains célébroient sa fête le premier jour du mois de juillet, et lui consacroient le mois de février, pendant lequel ils tâchoient de se rendre le dieu favorable pour l'époque prochaine de la nouvelle navigation. Les libations, qui, pour les autres dieux, étoient composées de vin, de lait et de miel, se faisoient, en l'honneur de Neptune, avec l'eau de la mer, des fleuves et des fontaines. On immoloit ordinairement un taureau blanc sur son autel ; mais, quelle que fût la victime amenée dans son temple, les prêtres lui en présentoient toujours le fiel, par analogie avec l'amertume de la mer. Ces cérémonies attiroient un concours prodigieux à Rome, et surtout aussi à l'isthme de Corinthe, où il avoit un temple célèbre, dans lequel on lui avoit érigé une statue d'airain haute de sept coudées. Son culte étoit si universel qu'en parcourant les rivages de la Grèce, de la Sicile et de l'Italie, on trouvoit dans les moindres hameaux un temple ou au moins un autel dédié au dieu de la mer. Au reste, quelle que fût la pompe de ces fêtes, il paroît qu'elles se célébroient à pied : car, les chevaux lui étant consacrés, on les couronnoit alors de fleurs ; et l'on eût cru commettre un sacrilège en les forçant au travail tandis que l'on fêtoit le dieu auquel ils devoient l'existence. Cette faveur s'étendoit même alors jusque sur les mulets, comme on accorda depuis aux bâtards des nobles les priviléges de la noblesse.

On représentoit Neptune sur un char ayant la forme d'une vaste coquille, et traîné par quatre chevaux marins, quelquefois par quatre dauphins. Les roues effleuroient rapidement la surface de l'onde couverte de tritons et de néréides. Le front ceint du diadème, le souverain des mers d'une main calmoit les flots agités, de l'autre tenoit le trident, emblème de sa triple puissance, qui s'étend sur la mer, les fleuves et les fontaines.

Les habitans de Trézène avoient empreint sur leur monnoie, d'un côté, le trident de Neptune, de l'autre, la tête de Minerve; ce qui semble indiquer le commerce dirigé par la sagesse. Aujourd'hui, si, à l'exemple de Trézène, nous frappions une médaille en l'honneur de notre nouveau commerce,

> Pour transmettre sa gloire à la race future,
> Nous pourrions mettre encor le trident d'un côté,
> De l'autre, l'Avarice et la Stupidité,
>   Avec les ailes de Mercure.

Les dieux auxquels Neptune confioit le plus souvent une portion de son autorité étoient les fleuves, pour lesquels on avoit presque autant de vénération que pour Neptune lui-même. On leur immoloit des taureaux blancs, quelquefois même des chevaux, comme au dieu de la mer. Ils étoient représentés nus, couronnés de roseaux, le sein couvert d'une barbe vénérable, et appuyés sur une urne qui versoit leur onde blanchissante. Ils tenoient une ancre ou un gouvernail, quand les vaisseaux pouvoient voguer entre leurs rivages.

La plupart d'entre eux s'étoient arrogé de très beaux privilèges. Il y avoit tel fleuve qu'une vierge ne pouvoit traverser sans y plonger ses mains [1], et qui, grâce à cet acte religieux, caressoit à tout moment les doigts les plus délicats et les bras les plus frais de toute la contrée. Les jeunes Grecs offroient leur chevelure au fleuve Néda [2]; Pélée consacra au fleuve Sperchius [3] la chevelure de son fils Achille; et les Troyennes, la veille de leur hyménée, étoient obligées d'aller offrir leurs prémices au fleuve Scamandre. Les voyageurs qui parcourent aujourd'hui ses rives désertes se rappellent avec admiration les combats et la mort de tous les héros dont ils foulent peut-être la cendre et les trophées; et moi, si jamais je me repose sur ces bords mystérieux,

> J'interrogerai le feuillage
> De ces antiques arbrisseaux
> Dont les vénérables rameaux,
> Depuis mille ans et plus, couronnent ce rivage.
> « Peut-être, leur dirai-je, avez-vous vu jadis
> Les tributs qu'en ces lieux apportoit l'Hyménée ;

---

1. Hésiode.
2. Pausanias, *Arcadie.*
3. Homère, *Iliade.*

> Vos racines peut-être embrassent les débris
> De l'autel où, le soir, Andromaque amenée
> Peut-être regretta la perte d'un trésor
> Que peut-être elle avoit conservé pour Hector ! »
> Ainsi chaque rocher, chaque arbre feroit naître
> De vertu, d'innocence, un tendre souvenir,
> Chaque souvenir un soupir,
> Et chaque soupir un peut-être !

Plusieurs doctes commentateurs ont fait de profondes recherches sur le nom de Neptune, qui, grâce à leur érudition, a maintenant autant de significations diverses qu'il y a de commentaires différens. Le procédé de ces docteurs est infaillible. Vous prenez la moitié d'une racine grecque, vous y joignez deux syllabes latines, entremêlées, selon le besoin, de caractères hébreux, syriaques ou chaldéens, et, dès que votre mot commence à prendre figure, en modifiant une finale, changeant une voyelle et supprimant deux consonnes, vous renfermez, dans le nom le plus bref, les mœurs, la figure, le caractère et même les exploits d'un héros, sauf quelques anachronismes qui, dans ces calculs, ne comptent point. Si, par exemple, ces messieurs s'avisoient un jour de disséquer votre nom,

> Ils écriroient : « *Émi,* lisez *ami ;*
> Du verbe *lier,* prenez *lie ;*
> Et voilà le *lien* chéri

De l'heureux *ami* d'*Émilie*.
— Vous vous trompez, dirois-je ; en voici la raison :
On la nomma sitôt qu'elle fut née ;
Je n'aimois pas alors ! — Il est vrai ; mais son nom
Présageoit votre destinée. »

Quant aux surnoms de Neptune, ils varioient suivant les circonstances dans lesquelles on lui adressoit des vœux ou des remercîmens. C'est ainsi que vous avez vu chez nous Notre-Dame de Liesse, de Bon Secours, de Bonne Nouvelle, etc. Les coureurs des jeux Olympiques appeloient Neptune *Hippodromos*, intendant des chevaux ; les sénateurs romains le nommoient *Consus*, dieu des bons conseils. Les navigateurs invoquoient souvent et remercioient quelquefois Neptune Favorable. Mais le nom sous lequel il recevoit le plus d'offrandes étoit celui de *Poseidon*, Brise-vaisseau : car les dieux, ainsi que les hommes, règnent beaucoup plus par la crainte que par l'amour ; aussi s'aperçoit-on de leur empire. Or, il n'y a de pouvoir réel et durable que celui dont on ne s'aperçoit pas ; et voilà, mon amie, ce qui rend le vôtre éternel.

Vos désirs sont les miens ; vos plaisirs sont les nôtres.
Vous vous trouvez heureuse ici ?
Cet asile à mes yeux plaît mieux que tous les autres.
Vous songez à partir ? et j'y songeois aussi.

Mais les embarras du voyage ?...
Je les ai prévus, tout est prêt.
Mais au moins vouliez-vous, en quittant ce bocage,
Emporter quelques fleurs... Voici votre bouquet.
Quel plaisir c'eût été de faire la lecture
D'un auteur favori !... Sterne [1] est dans la voiture.
Et votre ami, qui loge à cent pas du chemin,
Qu'il vous eût été doux de le voir au passage !...
Nous sommes à sa porte... Il est sorti, je gage !
Il vous attend, je l'ai prévenu ce matin.

Je ne sais si c'est obéir,
Mais je sais bien que c'est jouir
Qu'étudier ainsi les vœux de ce qu'on aime ;
Je n'ai là nul mérite, et j'avoue, entre nous,
Qu'en vous obéissant pour vous
Je vous obéis pour moi-même.

LETTRE LXXV

AMPHITRITE, ARION

NEPTUNE, souverain des ondes, possesseur des immenses trésors que renferme son empire, environné des Nymphes et des Néréides qui se disputoient l'honneur de lui plaire, comblé des faveurs de la gloire,

---

1. Auteur du *Voyage sentimental*.

de l'amour et de la fortune, possédoit tout, excepté le bonheur.

> N'est-il pas vrai, ma tendre amie,
> Qu'il n'est de trésors précieux,
> De triomphes flatteurs, de vrais plaisirs, que ceux
> Que l'on partage avec son Émilie?
> L'Amour a deux à deux enchaîné l'univers.
> Son joug est le tourment et le besoin du monde :
> L'infortuné qui fuit dans le fond des déserts
> Cherche encore un écho dont la voix lui réponde.

Au milieu du tumulte brillant de sa cour, Neptune éprouvoit intérieurement le vide affreux de cette solitude. En promenant ses ennuis au pied du mont Atlas, il aperçut Amphitrite, fille de Doris et de l'Océan. A cette vue, les yeux humectés de larmes et le cœur rempli d'une volupté nouvelle, il sentit avec ivresse que, jusqu'à ce moment, il n'avoit jamais connu l'amour, quoiqu'il eût souvent abusé de ce que l'on appelle ses faveurs.

> L'homme prend naturellement
> Le plaisir pour le sentiment,
> Quand son but n'est pas légitime;
> Mais il aime réellement
> Dès qu'il aime ce qu'il estime.

Neptune aima donc Amphitrite et se présenta

chez elle. Son teint basané, ses yeux verdâtres, sa chevelure humide, sa barbe limoneuse, et sa couronne de roseaux, et sa fourche à trois dents, frappèrent les regards de la nymphe, mais ne la séduisirent point du tout. Le dieu néanmoins fut congédié avec tant de grâce et de politesse qu'il douta presque que ce fût un congé; mais c'en étoit un. Il s'en aperçut bientôt dans ses visites infructueuses. Tantôt Amphitrite étoit chez son père; tantôt sa mère la retenoit auprès d'elle; toujours elle étoit sortie, et jamais elle ne devoit revenir. Neptune, privé par sa laideur des faveurs de l'amour, et par son rang des consolations de l'amitié, ne trouvoit rien de si misérable au monde que le sort des rois et des amans, lorsque deux de ses sujets, ayant observé ses démarches et deviné la cause de ses chagrins, vinrent secrètement lui offrir leurs services sans intérêt.

> Sans intérêt? on le dit, je le crois:
> Un simple citoyen doit respecter l'histoire;
> Mais, sitôt que j'aurai le malheur d'être roi,
> Je fais serment de n'y plus croire.

Le roi des mers, devenu confiant par foiblesse ou par nécessité, prit les deux dauphins pour confidens et se reposa sur eux du soin de son bonheur. De ces deux émissaires, l'un se chargea de parler, l'autre d'observer et d'agir.

Ils nagent mystérieusement vers la grotte d'Amphitrite, et choisissent, pour l'aborder, le moment où la nymphe rêvoit, seule, assise sur le rivage.

> Elle étoit dans cet âge où la tendre innocence,
> D'un désir inquiet éprouvant la langueur,
> Commence à soupçonner que son indifférence
> Pourroit bien n'être pas tout à fait le bonheur.

A la vue des dauphins qui se jouent sur la plaine azurée, elle devient plus rêveuse encore. « Ils sont deux ! » se dit-elle. Plus ils approchent, plus son œil les caresse. Enfin, ils arrivent à ses pieds ; et l'un des deux, élevant une voix tendre (que l'Amour sans doute lui avoit prêtée pour cette occasion), lui dit, tandis que l'autre l'observe :

> « Belle nymphe, ces lieux ne seront pas longtemps
>   Témoins de votre rêverie.
> L'Amour a de vos jours marqué tous les instans,
>   Et dans une heure il vous marie. »

A ces mots, qu'une vierge n'entendit jamais sans tressaillir, Amphitrite prête la plus vive attention, l'observateur s'approche, et l'orateur continue :

> « Ce soir vous connoîtrez ces nocturnes délices
> Que Vesta trop longtemps sut vous dissimuler ;

>   Lucine veut vous révéler
>   Le secret de ses sacrifices ;
> De l'Hymen, à vos yeux, le flambeau va brûler,
> Et pour vous le Plaisir prépare ses prémices. »

Ici la nymphe palpitante se détourne en baissant les yeux ; mais moins elle regarde, plus elle écoute :

>   « C'est peu que l'Hymen vous apprête
>   Les tributs qu'il sera si doux de vous payer !
>   De sa main, ce jour même, il prétend essayer
>   La couronne sur votre tête. »

Admirez, Émilie, la force de ces moyens : mariage, plaisir et couronne ! et quelle adresse dans le choix des passions ! curiosité, désir et vanité ! Quelle vestale eût résisté à de pareils argumens ? Amphitrite, n'osant les combattre, les éluda, et prit sagement le parti de ne répondre à rien, de peur d'accorder quelque chose. Mais se taire, c'est tout accorder. L'ami du prince ne l'ignoroit pas. Aussi ajouta-t-il avec assurance :

>   « Le roi qui vous adore est le maître de l'onde,
>   De son empire immense il embrasse le monde ;
>   Vulcain, Éole et ses enfans
>   Reconnoissent partout sa puissance immortelle.
>   Il renouvelle, tous les ans,
>   La couronne de Flore et celle du Printemps,
>   Et la ceinture de Cybèle. »

En ce moment, l'image sombre de Neptune, se présentant au souvenir d'Amphitrite, ternit à ses yeux tout l'éclat de la couronne. L'émissaire s'en aperçut et reprit d'un ton plus bas :

« Ce prince est né modeste, et de la royauté
   Il hait le faste et la magnificence.
     Il aime la simplicité,
Et se présente même aux yeux de la beauté
     Dans un état de négligence
Qui cache de beaux traits, un air de dignité,
   De la finesse et de l'aisance :
Car il est bien, très bien ; et, quand vous connoîtrez
Son esprit, ses talens, sa jeunesse et le reste,
Éblouie à l'aspect de ces dons ignorés,
    Avec raison vous vous étonnerez
Qu'on puisse être à la fois si grand et si modeste.
Mais que sont la beauté, les trésors, la grandeur,
Au prix des qualités de l'esprit et du cœur ?
Il n'est dans tous ses traits pas un seul qui n'annonce
Son génie et surtout sa sensibilité :
   Tout ce qu'il dit, la raison le prononce ;
   Ce qu'il écrit, les Grâces l'ont dicté ;
Et, dès que le malheur réclame sa bonté,
Le bienfait accompagne ou prévient sa réponse.
Mais voici l'heureux jour où, pour combler nos vœux
   Et signaler son auguste alliance,
Il confie à vos mains le dépôt précieux
   Des trésors de sa bienfaisance,
Et vous commet le soin de faire des heureux.

   « Tromperiez-vous notre espérance ?
Seriez-vous insensible ? auriez-vous la rigueur
D'éviter nos regards, quand tout notre bonheur
Ne dépend seulement que de votre présence ?
Non, vous ramènerez l'âge d'or parmi nous,

Et vous justifirez le choix de votre époux.
Que tardez-vous ? l'Amour, les Plaisirs, vous demandent;
Votre peuple s'empresse au-devant de vos pas.
Le trône est préparé, l'Hymen vous tend les bras,
  Et les malheureux vous attendent. »

Ce jeune roi, cette cour brillante, ce peuple assemblé, ces chants d'amour, ces larmes de reconnoissance, tout émeut, tout séduit Amphitrite. Elle seroit déjà près de son époux, si la mobilité du chemin n'effrayoit sa timidité. Mais l'adroit négociateur triomphe en peu de mots de ce dernier obstacle :

« Ne craignez point ces flots dont l'impuissant courroux
    Semble menacer le rivage.
Paroissez, jeune reine; ils vous rendront hommage
    Et s'abaisseront devant vous.
Mon frère est à vos pieds. Neptune lui confie
Un fardeau dont lui-même est en secret jaloux.
Asseyez-vous sur lui. Déjà l'air est plus doux,
    Le ciel plus pur et l'onde plus unie.
Ce souffle est le zéphyr qui vole sur vos pas.
La mer baigne vos pieds ? Ne vous étonnez pas
De la voir caresser sa jeune souveraine.
    Pourquoi vos regards inquiets
Se tournent-ils encor vers la rive lointaine?
Quand on a, comme vous, le cœur de ses sujets,
Quand on vole au-devant d'un roi qui nous désire,
Quand on fait mille heureux, sans crainte et sans regrets
    On doit traverser son empire. »

Il parloit encore, et déjà la nymphe étoit dans

les bras de son époux. J'ignore si la réalité répondit à son attente. Les promesses des courtisans sont toujours exagérées, et les rois, qui sont des dieux en perspective, vus de près, quelquefois sont à peine des hommes.

Quoi qu'il en soit, les deux confidens de Neptune, le voyant enivré des charmes de sa nouvelle épouse et sachant que l'enthousiasme de l'amour et de la reconnoissance dure peu, surtout à la cour, se hâtèrent, dès le matin du premier jour, d'aller humblement le féliciter. Le prince, qui déjà les avoit oubliés, eut encore la bonté de les reconnoître; il porta même l'excès de sa bienveillance jusqu'à se rappeler qu'ils avoient eu le bonheur de ne pas être inutiles aux préliminaires de son mariage; et, proportionnant le prix au service, il les transporta au ciel, où ils furent changés en une constellation voisine de celle du Capricorne.

D'autres historiens prétendent que le dauphin fut placé parmi les astres, non pour avoir servi les amours de Neptune, mais pour avoir sauvé les jours du célèbre Arion. Cet illustre rival d'Amphion et d'Orphée étoit né à Méthymne, dans l'île de Lesbos. Il fut accueilli à la cour de Périandre, roi de Corinthe. Après avoir joui longtemps de la faveur stérile de ce prince, il obtint de lui la permission de parcourir la Sicile et l'Italie, pour y exercer ses talens d'une manière plus utile à sa fortune. Il y réussit au delà de ses espérances. Cet artiste joignoit au talent de marier les accens de sa voix aux accords de sa lyre celui de composer le chant et les paroles; et sa muse féconde et docile changeoit naturellement de ton suivant le lieu et la circonstance.

> Il débitoit dans les hameaux
> La complainte et le vaudeville,
> La romance dans les châteaux,
> A la cour les petits rondeaux,
> L'air italien à la ville.

> Pour un vieil époux il croquoit
> Un demi-couplet à sa femme;
> Pour la femme il lui répliquoit
> Refrains d'ardeur, de cœur et d'âme,
> En même temps qu'il ébauchoit
> Des madrigaux en traits de flamme,
> Qu'un jeune Adonis décochoit
> Trente fois par jour à madame.

Enrichi des contributions de l'Amour et de l'Hyménée, Arion s'embarqua au port de Tarente pour retourner dans sa patrie. En apercevant de loin ce rivage habité par ses amis, il éprouvoit qu'on ne commence à jouir de ses richesses qu'au moment où l'on espère les partager. Tout à coup le pilote et les matelots le saisissent, s'emparent de ses trésors, et lèvent un poignard sur sa tête. L'infortuné, espérant les attendrir, obtient d'eux, à force de prières, la permission de toucher sa lyre pour la dernière fois. Alors, cherchant au fond de leurs cœurs la source des plus doux sentimens de la nature, il exprime tour à tour ce que l'amour pur a de plus enivrant, l'amour filial de plus tendre, l'amour conjugal de plus touchant.

Ces chants firent quelque impression sur l'âme de ces scélérats : car il y avoit parmi eux des fils, des amans et des époux. Les premiers versèrent des larmes, quelques amans s'attendrirent, un époux même soupira. Mais, la crainte d'être découverts l'emportant sur tout autre sentiment, ils n'accordèrent au malheureux Arion que le choix de se poignarder lui-même ou de se précipiter dans la mer. Arion, tournant ses derniers regards vers sa patrie et lui adressant ses derniers accens, s'élança au milieu des flots, et le navire continua de voguer vers Corinthe.

Cependant, après avoir plongé jusqu'au fond de la mer, Arion surnage et se trouve entouré d'une multitude de dauphins qu'avoit attirés le charme de sa mélodie. Tous, s'empressant autour de lui, présentent à l'envi leur croupe recourbée. Arion, assis sur l'un d'eux, escorté par tous les autres, recommence ses tendres accords, et, le plaisir redoublant la vitesse et l'agilité de ses conducteurs, il arrive en un instant au promontoire de Ténare, d'où il se rend à Corinthe avant même que le vaisseau fût entré dans le port. Périandre, instruit de la perfidie des nautoniers, les fait amener en sa présence, et leur demande des nouvelles d'Arion caché dans son palais. « Arion, répondent hardiment les traîtres, jouit, en Italie, des faveurs de la fortune et des hommages dus au talent. Il est l'ami des héros, le favori des belles, et le roi[1] des convives, qu'il enchante par ses divins accords... »

A ces mots, Arion, encore humide de sa chute, paroît devant eux. Immobiles de surprise et de confusion, les imposteurs confessent leur crime, et vont l'expier par une mort ignominieuse, à l'endroit même où le dauphin venoit de déposer Arion.

On ajoute que ce dauphin, s'étant trop avancé sur le sable, ne put se remettre à flot[2], et qu'Arion, ingrat parce qu'il étoit homme, ayant négligé le salut de l'être auquel il devoit le sien, laissa son libérateur expirer sur le rivage. Pour réparer cette ingratitude, Périandre éleva au dauphin un magni-

---

1. On sait que les anciens, avant de commencer leurs festins, nommoient le roi des convives. Souvent le sort le désignoit, et cette royauté, ainsi que beaucoup d'autres, étoit le résultat d'un coup de dé.
2. Hygin, chap. CXCIV.

fique tombeau, et les dieux le placèrent parmi les astres.

>Hélas ! tel est souvent le destin des mortels
>Qui consacrent leurs jours au bonheur de la terre.
>Vivans, on les délaisse au sein de la misère ;
> Morts, on leur dresse des autels.

Au reste, on présumoit assez généralement que le dauphin étoit ami de l'homme, et que les poissons n'étoient pas insensibles au charme de l'harmonie. Or, comme ce qui s'est déjà vu peut se voir encore, et qu'en fait de miracles il n'y a de difficile que le premier,

>Grâce au peuple amateur de l'empire des flots,
>   Ce prodige qui nous étonne,
>Se renouvelleroit sous les murs de Bordeaux [1],
>Si Garat, en chantant, tomboit dans la Garonne.

Les anciens avoient pour le dauphin tant de vénération que si, par malheur, il en tomboit quelqu'un dans leurs filets, ils s'empressoient de le rejeter à la mer, persuadés qu'en le retenant, ils violeroient les droits de l'amitié. Aussi les dauphins, reconnoissans de ces procédés, avoient-ils

---

1. Patrie du célèbre chanteur Garat.

grand soin de secourir tous les hommes qu'ils rencontroient luttant contre la tempête, et de ramener même les morts au rivage. C'est ainsi qu'ils rapportèrent le corps d'Hésiode, massacré dans le temple de Neptune et jeté dans la mer. Ainsi sauvèrent-ils du naufrage Phalante, général lacédémonien, et Télémaque, qui, jeune encore, tomba dans les flots en jouant sur le rivage. Ulysse, pour en éterniser le souvenir, fit peindre un dauphin sur son bouclier. Cupidon en eût dû graver un sur son carquois, en mémoire de deux amans qui, le soir, célébrant ses mystères sur les rives de Lesbos, tombèrent par distraction dans la mer, en se tenant embrassés, et furent, par un dauphin, reposés sur le sable avec tant d'adresse que leurs bras demeurèrent enlacés, que leurs cœurs continuèrent de battre l'un contre l'autre, et que leurs lèvres immobiles ne perdirent pas un soupir.

> Bonsoir, la nuit approche ; et cet heureux naufrage,
> Ce dauphin, ces baisers, vont, pendant mon sommeil,
>   Me poursuivre de leur image.
>   Heureux si, jusqu'à mon réveil,
>   Après un naufrage pareil,
> Je repose avec vous sur le bord du rivage !

LETTRE LXXVI

VOYAGE A CYTHÈRE

Vous vous rappelez, mon amie, ce jour fortuné où, pour le bonheur et le tourment de l'univers, Vénus naquit du sein de l'onde[1]. La fille aînée de l'Océan ne pouvoit être étrangère à Neptune; aussi fut-elle invitée la première à la célébration de son mariage. Elle y assista avec l'Amour, qui, jeune encore, portoit le flambeau de l'Hyménée.

Peu de jours après, la reine de Cythère prépara, dans sa capitale, une fête brillante pour les nouveaux époux. Ils s'y rendirent accompagnés de leur cour, et environnés de toute la pompe de l'empire maritime.

Les Tritons précédoient le cortège en sonnant de leurs conques recourbées. Leur chevelure verte tomboit sur leurs joues gonflées et vermeilles. Le plaisir animoit leurs yeux lascifs, leur teint basané, leurs lèvres épaisses et colorées. Sous leurs bras nerveux, deux nageoires sillonnoient les flots

---

[1]. Voyez la Seconde Partie, lettre XXI.

bouillonnant autour de leur large poitrine. Leur corps, vers la ceinture, dégénéroit en une queue de poisson, qui tantôt se perdoit sous les eaux, tantôt, recourbée au-dessus de l'onde, traçoit en serpentant un sillon blanchi d'écume. Derrière eux, quatre chevaux marins, aux crins noirs, aux narines fumantes, traînoient sur des roues dorées la conque de Neptune. Le dieu, couvert d'un manteau nuancé de vert et d'azur, le front ceint du diadème, d'une main tenoit le redoutable trident, de l'autre imposoit silence aux tempêtes. Aux deux côtés du char, on voyoit Phorcis commandant la troupe des Tritons, la tendre Ino tenant dans ses bras son jeune fils Mélicerte, Glaucus portant ses filets et tournant de loin ses regards vers l'aimable et malheureuse Scylla; et Nérée, chantant les louanges d'Amphitrite; et Protée, tour à tour lion, taureau, coursier, poursuivi, saisi, enchaîné par les Tritons, et s'envolant en aigle superbe, ou s'échappant en flamme pétillante. Plus loin, les jeunes Néréides, couronnées des fleurs du rivage, présentoient aux flots amoureux les contours de leur sein, et cachoient sous l'onde leur queue souple et verdâtre. Leurs bras, plus blancs que l'ivoire, guidoient les rênes des dauphins attelés au char d'Amphitrite. Sur ses roues d'argent s'élevoit une vaste coquille, dont la blancheur éclatante dégénéroit, vers les extrémités, en un tendre incarnat, qui se confondoit avec le teint de la déesse. Les perles et le corail couronnoient sa chevelure blonde et flottante. Sa robe et sa ceinture ressembloient à l'écharpe d'Iris. Son sceptre d'or tomboit négligemment à ses pieds.

> Le sceptre, dans la main d'un roi,
> Semble dire : « Obéissez-moi,
> Et reconnoissez ma puissance. »
> Mais quand, d'un seul regard, on peut dire : « Aimez-moi »,
> Il est inutile, je croi,
> De commander l'obéissance.

Amphitrite, d'un sourire, attiroit sur ses traces la foule empressée de ses sujets. Les Nymphes nageoient à ses côtés, en lui présentant leurs urnes et leurs guirlandes; les Zéphires, agitant leurs ailes de papillons, parfumoient l'air autour d'elle; les Sirènes, quittant leurs rochers sauvages, planoient derrière le char, en unissant à leurs voix enchanteresses les sons de la flûte et de la lyre; et le peuple muet des habitans de l'onde, sortant de ses profonds abîmes, bondissoit de joie et d'amour en suivant sa jeune souveraine.

Vénus, voyant, du rivage, approcher les deux époux, prit son équipage maritime pour aller à leur rencontre. Elle s'assit sur sa conque traînée par deux cygnes, et escortée par l'essaim des Plaisirs. Près d'elle, l'Hymen et l'Amour se tenoient embrassés sur un char attelé de moineaux et de tourterelles. Ils étoient entourés de papillons qui assiégeoient l'Hyménée et que Cupidon chassoit avec des roses.

Les deux cours réunies abordèrent aux remparts de la capitale, située alors au midi de l'île de Cythère. La Fidélité gardoit les portes de la ville, et la Pudeur commandoit dans la citadelle. Elles furent invitées à la fête. La Décence y conduisit les Plaisirs. Le Mystère s'y rendit à leur suite. Mais, à son arrivée, il fut introduit dans le sanctuaire de l'Hyménée, et demeura, jusqu'au lendemain, caché sous les rideaux d'Amphitrite.

Heureux siècle, où l'Hymen, l'Amour et Vénus, réunis dans un même séjour, formoient, en se donnant la main, la chaîne des vrais plaisirs et du bonheur de la terre. Mais bientôt, après une longue nuit pendant laquelle Cupidon s'étoit absenté, Vénus, dit-on, bouda l'Hyménée et se retira vers le nord de Cythère, où son fils lui bâtit secrètement une petite maison. Là, comme il alloit souvent la visiter à l'insu de l'Hymen, il fit construire un pied-à-terre pour lui et sa suite. Ces voyages mystérieux devinrent bientôt à la mode, et les voyageurs multiplièrent les petites maisons au point qu'elles formèrent, en peu de temps, une nouvelle capitale, dans laquelle tous les habitans de l'ancienne séjournèrent d'abord par ton ou par désœuvrement, et se fixèrent ensuite par habitude. L'Hymen, resté seul dans la ville déserte, avec la Constance et la Pudeur, vit, en moins d'un siècle, ses remparts cachés sous l'herbe. Cependant Philémon et Baucis y bâtirent leur cabane, Platon y tint son école, les pasteurs d'Arcadie y élevèrent leurs bergeries, et les preux chevaliers y ouvrirent leurs lices et leurs tournois. Vénus même et son fils assistèrent souvent à ces assemblées. Mais, l'Honneur y prenant toujours le pas sur les Plaisirs, ceux-ci retournèrent à la nouvelle Cythère, et ramenèrent avec eux Vénus et sa famille. Depuis ce temps, les bergeries sont désertes, les écoles fermées, les tournois abandonnés, et l'ombre antique des myrtes et des lauriers s'étend sur les ruines de cet empire, où l'on ne retrouve plus que les souvenirs et les regrets de la félicité.

Cependant on assure que, de nos jours, deux jeunes époux, ayant entrepris un pèlerinage au temple de la Fidélité, firent naufrage dès le lendemain, et échouèrent sur les rochers d'une île qui d'abord leur parut inhabitée. Bientôt, en avançant à travers des monceaux de ruines couvertes de mousse et d'arbrisseaux, ils virent s'élever, dans le lointain, des arcades et des colonnes mutilées, des vestiges de temples et de palais, et des barrières dont les débris formoient encore une vaste enceinte, entourée de trophées que couvroient l'épine et le lierre. Sur les degrés d'un mausolée, où on lisoit le nom d'Artémise, s'élevoit une petite chaumière ornée de guirlandes desséchées et de chiffres presque effacés.

La porte s'ouvrit, et les voyageurs virent descendre vers eux une veuve plus qu'octogénaire, vêtue exactement comme au siècle d'Amadis. D'une main elle tenoit sa houlette, ornée d'un ruban rose, qui avoit un peu jauni; de l'autre, elle conduisoit, avec un ruban bleu pâle, son chien fidèle, dont le collier étoit orné d'une devise. Sur le corset de la bergère pendoient une panetière et un chalumeau. Son chapeau de paille étoit entouré de lacs d'amour, et ses vêtemens brodés de lis, de roses, de colombes et de tourterelles. Ses moindres discours conservoient encore la finesse du madrigal, et sa voix le ton plaintif de l'élégie. Ses regards exprimoient la langueur, ses gestes l'abandon d'une passion éternelle et malheureuse. D'un air auguste et tendre, la pastourelle aborde les jeunes époux, les salue et leur dit :

« Amans infortunés, armez-vous de courage :
La constance triomphe et des dieux et du sort.
Sur ces bords dangereux vous avez fait naufrage :
J'eus ce malheur jadis! Quand vous aurez mon âge,
Vous jouirez aussi des délices du port.
  La jeunesse est un temps d'épreuve,
  Bien dur, bien cruel à passer !...

— Cependant, se disoit la veuve,
Je voudrois bien recommencer. »

En parlant ainsi, elle les invite à partager son asile champêtre. Là, elle leur présente un repas de fruits, de lait et de miel ; et, leur montrant de loin tous ces monumens qui fixent leurs regards, elle leur dit avec un profond soupir :

« Voyez sur ces bords enchantés
Les murs de l'antique Cythère.
La nouvelle a quelques beautés,
Mais vous en seriez peu flattés
Si vous eussiez vu la première.
Ces dômes, encor menaçans,
Sont les débris du vieux portique
Où régnoit l'Amour platonique.
Cet Amour bannissoit les sens
Du commerce de la tendresse.
A vingt ans, près de sa maîtresse
Riche de grâce et de fraîcheur,
On s'en tenoit *aux yeux du cœur* [1].
Sans oser jamais se rien dire,
On se lorgnoit à qui mieux mieux.
L'amant, dans ce muet délire,
Passoit des jours délicieux !
Que si, le soir, à la fenêtre
Sa dame venoit à paroître,
On risquoit quatre mots au plus,
Et l'on se couchoit là-dessus
Sans en demander davantage.

---

[1]. Extrait du style des romans de chevalerie. (Voyez *Cyrus* et compagnie.)

L'innocence étoit de tout âge :
Une adolescente, à trente ans,
Ignoroit qu'on fît des romans.
Aujourd'hui, grâces aux lumières
De ce siècle, hélas ! trop savant,
Nos jouvencelles, au couvent,
Sont plus habiles que leurs mères.

Sous ces vénérables donjons,
Bordés de piques, d'écussons,
L'amour de la chevalerie
Dictoit aux Renauds, aux Rolands,
Aux Tancrèdes, aux Azolans,
Les lois de la galanterie.
Qu'un chevalier levât les yeux
Sur une gente damoiselle,
Et que le galant reçût d'elle
Un souris tendre et gracieux,
Aussitôt de cette étincelle
Naissoit une flamme éternelle
Qui les embrasoit tous les deux.
La belle, pour cacher ses feux,
Armoit son front d'un air sévère ;
Et, quand son amant débonnaire
Lui demandoit, d'un ton piteux,
Comment il pouvoit lui déplaire,
La damoiselle se taisoit ;
Par quoi le jeune téméraire,
Soupçonnant un grave sujet
Pour forcer sa dame à se taire,
S'en alloit, par les grands chemins,
Piquant des deux sa haquenée,
Jusqu'au fond des pays lointains,
Traîner sa chaîne infortunée.
Là, tous les jours bravant la mort,
Combattant d'estoc et de taille,
Il laissoit au champ de bataille
Un membre au midi, l'autre au nord,

Une jambe dans l'Amérique [1],
Une main chez les musulmans,
Un œil dans les déserts d'Afrique;
Ainsi du reste. Au bout d'un temps,
Illustré par mainte victoire,
Ce vaillant redresseur de torts
S'en revenoit pauvre de corps,
Mais riche d'amour et de gloire.
Sa dame, pour le dénoûment,
Se rendant enfin plus traitable,
Dans un âge bien raisonnable,
Épousoit solennellement
Ce qui restoit de son amant.

Ce siècle-là valoit vraiment
Bien mieux que le siècle où nous sommes.
Nous n'avions pas, comme à présent,
Ces petits colifichets d'hommes,
A l'air fat, au ton suffisant,
Qui froidement semblent vous dire :
« Je sais ce que je vous inspire ;
Je vois le trouble de vos sens :
Vous m'aimez ; allons, j'y consens,
Mais terminons, je fais ma ronde;
D'avance mes momens sont pris :
Ce matin, la brune a le prix ;
Ce soir appartient à la blonde.
Sur ces principes-là je suis
Très scrupuleux, et, si je puis,
Je veux contenter tout le monde. »

Admirez le vaste contour
De cette colonnade immense.

---

1. Je soupçonne ici la vénérable d'un léger anachronisme : il n'est pas constant que les preux chevaliers aient découvert l'Amérique avant Christophe Colomb et *Améric* Vespuce, qui lui donna son nom à la fin du XV° siècle.

Là se tenoit la *cour d'amour* [1];
Là, souvent, en pleine audience,
Les jaloux et les inconstans
Perdoient leur cause avec dépens.
Là, pour terminer les querelles,
L'auguste sénat tour à tour
Appointoit les amans fidèles,
Et, sur leurs plaintes mutuelles,
Mettoit les époux hors de cour.
Sous ces arcades le Mystère,
Des pastoureaux, des chevaliers,
Des troubadours, des romanciers,
Formoit le style épistolaire.
A l'ombre de ce sanctuaire,
Mercure aux confidens discrets
Enseignoit, trois fois par semaine,
L'art de remettre les poulets,
Et de tromper les yeux furets
D'un tuteur ou d'une marraine.
Plus bas, contemplez ce vallon
Où sous les saules se promène
Une source; c'est le *Lignon* [2].
C'est là que la bergère Ismène
Et le beau berger Céladon,
Tour à tour, sur le même ton,
Contoient leur amoureuse peine
A tous les échos du canton.

Clitandre, autour de ce vieux frêne,
Ayant gravé son testament
En faveur de son inhumaine,
Pour elle, au bord d'une fontaine,
Alla mourir tout doucement.

---

1. Voyez *Amadis* et les autres romans de chevalerie.
2. Voyez l'*Astrée*.

Sur ce beau tapis de fougère,
Le sage Alcandre, dérobant
Un ruban rose à sa Glycère,
Donna vingt baisers au ruban,
Et pas un seul à la bergère.

Dans cet ermitage isolé,
Le doux Léandre, désolé
Des rigueurs de la jeune Hortense,
Alloit chanter une romance,
Et puis revenoit consolé.

Tout là-bas, dans cette prairie,
Voyez-vous ces vieux aliziers?
C'est là que les preux chevaliers
Goûtoient, à l'ombre des lauriers,
Les plaisirs de la bergerie.
C'est sur l'émail de ces gazons
Qu'oubliant l'épée et la lance,
Ils laissoient là leurs bataillons,
Prenoient la houlette en cadence,
Et venoient garder les moutons.
Conversoient-ils avec leurs belles?
C'étoient des discours innocens;
Ils parloient des fleurs du printems,
Des agneaux et des tourterelles.
Ils enrichissoient ces tableaux
De rhétorique, de morale,
Et parsemoient la pastorale
De cantiques, de madrigaux,
De pointes et d'astrologie.
Aujourd'hui l'on a la manie
De clouer sur tous les sujets
Le mot pour rire à chaque phrase.
On gaze, dit-on, les objets,
Mais on éclaircit trop la gaze.

On l'épaississoit autrefois,
Quand les plus respectables lois

Etoient les lois de l'innocence.
Le voile adroit de la décence
Des charmes qu'il environnoit
Laissoit entrevoir la naissance,
Et le reste se devinoit.
Aujourd'hui l'on fait étalage
Du superflu de ses appas.
S'appauvrissent-ils ? en ce cas,
On voile ce que l'on n'a pas,
Pour en supposer davantage.

A Cythère, comme à Paris,
Tout est factice : la peinture
Et la mécanique, à tout prix,
Font, pour le corps et la figure,
Du teint, des traits, de la tournure,
Des reins, des hanches, des trésors.
De ces masques, de ces ressorts,
Chaque pièce avec art se loge,
Se joint, s'enlève à volonté ;
Si bien qu'au besoin la beauté
Se démonte comme une horloge.

Hélas ! comme tout est changé !
Au lieu de cet air négligé
Qui veut imiter la Nature,
De mon temps, tout, dans la parure,
Était bien lissé, bien rangé ;
Le corset blanc, la collerette,
La jupe courte, le bas fin
Et la chemisette de lin
Paroient la simple bergerette.

Les dames, en vertugadin,
Promenoient la robe ballante,
La respectueuse galante,
Les gros nœuds, le petit chignon,
Et le bonnet en papillon.

La bergère, les jours de fête,
Mettoit le juste de basin,
Orné d'un bouquet de jasmin.
C'étoit là l'habit de conquête.

De ce modeste habillement,
Un soir d'été, j'étois vêtue,
Quand Tyrcis, m'ayant aperçue,
Rougit respectueusement,
Et me fit rougir à sa vue.
Nous nous saluâmes deux ans
Deux fois par jour, mais en silence.
Il ne faut pas aux jeunes gens
Dire d'abord tout ce qu'on pense.
Enfin nous nous dîmes bonjour.
Cela dura deux ans encore ;
Quand tout à coup, brûlant d'amour,
Tyrcis, sous ce vieux sycomore,
S'écria : « Philis, je t'adore ! »
De cet aveu prématuré
Jugez si je fus courroucée !
Cependant je vous avoûrai
Qu'étant moi-même un peu blessée,
Je ne le boudai que trois ans.
Il traîna des jours languissans,
Il devint sombre, maigre et blême.
Quand je le vis prêt à mourir,
Je crus devoir le prévenir
En lui répondant : « Je vous aime » ;
Et puis, réduite au désespoir,
Comme c'étoit alors l'usage,
Je m'enfuis dès le même soir,
Et me mis en pèlerinage.
Je traversai de longs déserts ;
Je franchis les monts et les mers ;
Je fus prise par un corsaire ;
Je fus vendue au Grand-Seigneur,
Mais je lui tins toujours rigueur,

Et tirai mon bonheur d'affaire.
Enfin, m'échappant de ses mains,
Avec mon bourdon, mon rosaire
Et mon chapelet à gros grains,
Voyageant pensive et seulette,
Après dix-huit mois de chemin,
Je trouvai Tyrcis, un matin,
A Notre-Dame de Lorette.
« Cruelle, pour vous apaiser,
Je cours, dit-il, la terre et l'onde,
Et, pour obtenir un baiser,
J'ai fait deux fois le tour du monde. »

Il éprouva presque un refus ;
Mais, par malheur, je n'avois plus
Le courage d'être inhumaine.
« Embrassez-moi donc pour la peine »,
Lui dis-je. Quand cela fut fait,
Il me pria, d'un air discret,
D'unir enfin nos destinées ;
Mais je crus qu'il étoit prudent
D'éprouver son amour constant
Encor deux petites années.
Comme ils s'envolent nos beaux jours !
A peine en voyons-nous l'aurore
Que l'éternité dans son cours
Les ensevelit pour toujours.
Mes enfans, je crois être encor
A la veille de notre hymen.
Il me semble encor que demain,
Tyrcis, le front paré de roses,
Recevra mon cœur et ma main.
Hélas ! je les rappelle en vain,
Ces beaux jours ! Tyrcis, tu reposes
Sous ces berceaux où le bonheur
Si longtemps partagea ton cœur
Entre l'amour et la nature.
Mes jeunes amis, voyez-vous

Ce tertre ombragé de verdure?
C'est là que m'attend mon époux;
Il n'a plus longtemps à m'attendre.
Venez au pied de cet ormeau
Pleurer avec moi sur sa cendre.
Ainsi dans la nuit du tombeau
Quand l'âge vous fera descendre,
Peut-être un couple jeune et tendre
Sur votre cendre gémira,
Et la piété vous rendra
Les pleurs que vous allez répandre. »

A ce récit attendrissant,
Les deux époux, en s'embrassant,
Pleurent avec leur bonne hôtesse,
Et, pour aider ses foibles pas,
Tous deux, lui présentant le bras,
Servent d'appuis à sa vieillesse.
Parmi les débris précieux
De ces temples, de ces portiques,
Sous ces arcades magnifiques,
Ils passent sans lever les yeux.
Cette ville antique et superbe
N'intéresse plus leurs regards.
Ils ont oublié ses remparts
Pour un tombeau caché sous l'herbe.
Ainsi l'antique majesté
Des monumens que la richesse
Élève à la postérité
Cède à l'humble simplicité
Des monumens de la tendresse.

Que l'on me dise : « Sur ces bords
Brilloit une ville opulente.
Ses murs, ses temples, ses trésors,
Sa jeunesse illustre et vaillante,
Longtemps soutinrent sa splendeur;
Elle n'est plus. » L'âme absorbée

Dans le néant de la grandeur,
Je me répète : « Elle est tombée !... »

Qu'on me dise alors : « Vers ces lieux
Habitoit un couple fidèle,
Chéri des hommes et des dieux :
Des amans il fut le modèle.
Voyez-vous ce chiffre amoureux
Sur l'écorce de ce vieux hêtre ?
Jadis il fut gravé par eux.
Voyez-vous ce tombeau champêtre ?
C'est là qu'ils reposent tous deux. »

Aussitôt, oubliant la ville,
Ses tours, ses palais fastueux,
Je vais, d'un pas respectueux.
Visiter le dernier asile
Du couple tendre et vertueux.
Sous ces arcades écroulées,
Sur ces colonnes mutilées,
D'un œil sec j'ai lu ces écrits,
Monumens de gloire et d'alarmes.
Sur ce hêtre en voyant unis
Les chiffres de ces vieux amis,
Je sens mes yeux mouillés de larmes.

LETTRE LXXVII

VÉNILIE, THOOSSA, AMYMONE

Amphitrite et Neptune trouvèrent l'ancienne ville de Cythère si agréable qu'ils résolurent de s'y fixer. Durant tout le séjour qu'ils y firent, Neptune n'adora que sa chère Amphitrite. Il ne concevoit pas même qu'un mari pût aimer une autre femme que la sienne.

Cependant Vénus s'étoit retirée à la nouvelle Cythère, où tous les courtisans de l'ancienne alloient chaque jour la visiter incognito. Neptune crut qu'il ne pouvoit seul se dispenser de ce devoir; mais, craignant, pour de bonnes raisons sans doute, que son épouse n'approuvât point cette démarche clandestine, il résolut de la faire sans l'en prévenir. Ce voyage étoit sans conséquence; les audiences de Vénus étoient publiques. Un époux du bon ton ne pouvoit se dispenser d'y paroître : ce ridicule n'étoit réservé qu'à ces maris exclusifs, esclaves enchaînés à la ceinture de leurs femmes. De pareils motifs étoient plus que suffisans pour déterminer l'époux et même l'amant d'Amphitrite.

>   Amour, c'est vainement qu'on vante ta puissance.
>   L'orgueil est la divinité
>   De tout ce peuple qui t'encense.
>   Pèse tes faveurs, d'un côté,
>   Et l'attente et la jouissance,
>   Et les désirs et l'espérance,
>   Plus séduisans que la réalité ;
>   Et l'estime et l'intimité,
>   Et la tendresse et la reconnoissance ;
>   De l'autre, un grain de vanité :
>   Le grain emporte la balance.

Voilà donc Neptune suivant, au déclin du jour, le sentier mystérieux de la nouvelle Cythère. Parvenu en un lieu où le chemin se partageoit et ne sachant de quel côté poursuivre sa route, il consulta d'abord la nymphe Salacie, qu'il aperçut à sa droite; puis la nymphe Vénilie, qui parut à sa gauche. Toutes deux lui répondirent : « Suivez-moi » ; et, soit penchant, soit habitude, Neptune suivit Vénilie. On ignore dans quel dédale elle le conduisit; mais, au retour de l'aurore, la pâleur sur les lèvres et la rougeur sur le front, il cherchoit encore l'issue du labyrinthe. Il en sortit enfin, rêvant aux inquiétudes de sa chère Amphitrite. Il retournoit vers elle, lorsqu'il retrouva Salacie, et se plaignit à elle de la perfidie de sa compagne. « Pourquoi l'avez-vous préférée? reprit-elle : c'est moi qu'il falloit suivre. » Il la suivit; et, le troisième jour, Amphitrite l'attendoit encore.

La honte du crime fait quelquefois plus de mal que le crime lui-même, quand elle empêche le criminel de revenir à la vertu. Comment, après trois jours, retourner dans les bras de son épouse? De quel prétexte colorer une si longue absence? Le mensonge est embarrassant, l'excuse humiliante... Tandis que Neptune se livroit à ces réflexions, la jeune nymphe Thoossa, égarée sur la même route, s'écrioit en pleurant : « Comment, après trois jours entiers, oserai-je me présenter à ma famille? — Que va croire Amphitrite? poursuivoit le dieu. — Que va dire ma mère? » ajoutoit la nymphe. A ces mots, ils se trouvèrent si près l'un de l'autre qu'ils s'entendirent, s'arrêtèrent... Et, quand Phœbé eut neuf fois parcouru sa carrière inégale, elle aperçut, sous les rochers de Lemnos, le jeune Polyphème jouant sur les genoux de sa mère Thoossa.

Mais, à cette époque, Neptune, depuis longtemps, s'étoit encore égaré loin d'elle. On ignore en quels lieux l'Amour et le Hasard guidoient alors ses pas, et peut-être l'ignore-t-il lui-même.

Car tous ces conquérans de l'empire de Gnide
S'élancent d'un vol si rapide
Qu'ils n'ont jamais le temps de laisser garnison
Dans les places qu'ils ont conquises.

A peine de leurs entreprises
Savent-ils la date et le nom;
Leur gloire et leurs projets s'embrouillent dans leur tête.
Le vainqueur oublie en courant
Le numéro de sa conquête
Qui n'a jamais connu celui du conquérant.

Peut-être Neptune étoit-il aux pieds de la nymphe Phénice. Peut-être poursuivoit-il Bisaltis sous la forme d'un bélier, ou Cérès sous celle d'un cheval, ou Méduse sous celle d'un oiseau. Peut-être encore séduisoit-il Mélanthe sous la figure d'un dauphin. Admirez, Émilie, la variété de ces métamorphoses, et surtout le penchant du fils de Vénus pour le déguisement.

Quand l'Esprit et l'Amour alloient de compagnie,
De l'emblème des sots Cupidon se couvrit;
Et, depuis que les sots peuplèrent Idalie,
Cupidon s'affubla du masque de l'Esprit.

Cependant Neptune reconnut bientôt l'avantage de l'esprit sur la sottise. Danaüs, roi d'Argos, ayant envoyé sa fille Amymone puiser de l'eau à une fontaine solitaire, un Satyre qui l'épioit saisit l'instant où elle élevoit avec effort son urne pleine sur sa tête, s'élance brusquement et veut lui faire violence. Neptune, qui heureusement passoit près de là sous sa forme naturelle, accourt aux cris d'Amymone, met en fuite l'affreux Satyre, relève l'urne d'une main, de l'autre l'adolescente éperdue, et, passant doucement son bras autour du sien, il lui dit en la reconduisant par le bocage :

« Combien je rends grâces aux dieux
D'avoir guidé mes pas vers ce bois solitaire,
Pour vous servir et vous soustraire
A la brutalité de ce monstre odieux !

« Je conçois bien qu'on devienne idolâtre
D'un ensemble si doux de grâces, de beautés,
Et qu'en voyant plonger dans les flots argentés
Ce bras et cette main aussi blancs que l'albâtre
On sente sur sa bouche éclore le baiser;
Mais sur ces beaux contours s'il ose
Savourer le lis et la rose,
Ce n'est qu'avec respect qu'il doit s'y reposer. »

A ces mots, d'un baiser modeste
Le dieu couvre la main. Le bras fuit un moment;
Mais on le rejoint doucement;
Il se replace, et la main reste.

« Je conçois bien encor qu'après avoir goûté
Tout le charme de ces prémices,
Le Désir enhardi cherche d'autres délices,
Et cueille sur ce front quelques roses novices
Qu'y font naître l'amour et la timidité;
Mais, soit qu'en passant il se joue
Sous les arcs de ces noirs sourcils,
Ou sur les contours adoucis
De ce menton, de cette joue,
Soit qu'il effleure le corail
De cette bouche innocemment fermée,

Soit qu'enfin de ces dents il entr'ouvre l'émail,
Et respire en secret cette haleine embaumée ;
Glissant sur les attraits qu'il tremble d'offenser,
  Comme un éclair il doit passer
  Plus rapide que la pensée. »
Et la nymphe, en effet, de ses lèvres pressée,
  N'avoit plus le temps d'y penser.

« Enfin, à dix-sept ans, avec un cœur sensible,
Il est bien naturel, et même bien possible
Que la Pudeur, au fond d'un bosquet écarté,
Dans un trouble mêlé de langueur et de crainte,
Cède aux tendres efforts d'une douce contrainte.
  Mais sentez-vous comme la volupté
  Ménage sa timidité ?...
Ne craignez rien ; le ciel est couvert d'un nuage ;
Ombre, fraîcheur, silence, ici tout est plaisir...
  Je ne vous verrai pas rougir :
Nous attendrons la nuit pour sortir du bocage... »

Et Amphritite ? Elle attend.

Ne frémissez-vous pas, Émilie, de cet enchaînement épouvantable d'embûches et d'erreurs qui égarent et retiennent les voyageurs isolés sur la nouvelle route de Cythère ? Recevez, mon amie, le serment que je fais, ou de ne jamais la connoître, ou de n'y voyager qu'avec vous.

  Dans cette dangereuse enceinte
Si l'on remarque un jour la trace de mes pas,
  Près d'eux, de vos pieds délicats
  En admirant la douce empreinte,
« Il venoit, dira-t-on, visiter les détours

Du labyrinthe des Amours
Et des bocages d'Idalie,
Mais on voit qu'il marchoit toujours
Côte à côte avec Émilie. »

LETTRE LXXVIII

POLYPHÈME, ACIS ET GALATHÉE

Le plus redoutable et le plus hideux des enfans de Neptune fut le géant Polyphème, père des Cyclopes, selon Euripide, et, selon d'autres, fils aîné de cette monstrueuse famille. La hauteur de sa taille étoit telle qu'en pleine mer les flots atteignoient à peine sa ceinture. Une tête énorme, hérissée de crins noirs, ombrageoit ses épaules larges et velues; ses lèvres, couvertes d'une barbe épaisse, s'étendoient jusqu'à l'ouverture de ses longues oreilles. Au milieu de son front ridé, un œil rond s'enfonçoit à l'ombre d'un sourcil roussâtre, et dominoit un nez aplati et deux narines pendantes.

Tantôt il gardoit ses nombreux troupeaux sur le rivage; tantôt il poursuivoit, dans le fond des forêts, les tigres et les ours, qu'il apprivoisoit; plus souvent il attendoit les voyageurs sur les chemins écartés, les attiroit dans son antre, les égorgeoit durant leur sommeil et dévoroit leurs membres palpitans.

Si je vous apprends, Émilie, qu'avec cette figure et ce caractère Polyphème s'avisa d'aimer Galathée, la plus tendre et la plus belle des Néréides,

> De son amour vous allez rire,
> Et vous aurez tort; en effet,
> Contre lui qu'aurez-vous à dire,
> Si la nymphe vous ressembloit?

Sa taille étoit svelte et fugitive, ses cheveux châtains et bouclés, ses sourcils noirs, ses yeux bleus, son nez un peu mutin, sa bouche fine, ses lèvres rosées, ses bras aussi ronds, aussi frais que ses joues, son cou blanc et veiné;

> Et puis l'onde voiloit mille attraits qu'Émilie
> Ensevelit toujours sous un triple linon;
> Ainsi dispensez-moi, grâce à la modestie,
> D'achever la comparaison.

Cependant, comme la pudeur répand sur les beautés apparentes le charme secret de celles qu'elle empêche de paroître, Polyphème, croyant n'admirer que ce qu'il voyoit, devint épris de tout ce qu'il ne voyoit pas.

.L'Amour est frère de l'Espérance, et celle-ci sœur de la Vanité. Aussi, le Cyclope, en aimant, ne désespéra-t-il pas d'être aimé. Il conçut d'abord le projet, puis l'espoir, puis la certitude de plaire. Le voilà donc, tout le jour, assis au bord d'une fontaine, négligeant le soin de son troupeau, oubliant même d'insulter les voyageurs et de poursuivre les monstres des forêts. Tantôt sur sa musette à cent tuyaux, il murmure des airs tendres; tantôt, avec un râteau de fer, il peigne sa noire chevelure, et taille avec une faux sa barbe longue et touffue. Alors, inclinant sa tête et son œil vers le cristal de la fontaine, il s'admire, il rit, et les antres retentissent.

En ce moment, Galathée s'élève au-dessus des flots; ses longs cheveux flottent sur l'onde transparente, qui découvre et cache tour à tour ses épaules d'albâtre et les trésors furtifs de son sein. A l'ombre des saules et des roseaux, elle gagne, sous un rocher, sa grotte mystérieuse. Polyphème, le corps immobile et le cou tendu, la suit d'un regard avide. « Voici, se disoit-il, l'heure où Phœbus darde tous ses feux. Les troupeaux, les pasteurs reposent, et Galathée va reposer aussi... »

Reposer à seize ans! ce pauvre Polyphème,
Comme il connoissoit peu l'Amour et la beauté !
Qu'on est crédule quand on aime !
Et que l'on est heureux de sa crédulité !

Sur un lit de mousse ombragé d'un dôme de verdure, le jeune Acis attendoit Galathée. Acis, fils du dieu Faune et de la nymphe Syméthis, ardent comme lui, tendre comme elle, faisoit sans cesse passer sa jeune amante des transports du plaisir à l'ivresse du sentiment.

> Sous un myrte effeuillé dès qu'Amour s'assoupit,
> Adieu plaisir d'aimer, si le cœur, si l'esprit,
> Aiguisant de ses traits chaque pointe émoussée,
> Ne nous rendent encore heureux par la pensée.
> Mais, quand le doux parler, quand les tendres propos,
> Les aveux délicats et la gaîté piquante
>   Abrègent l'heure trop fréquente
> Que le dieu du plaisir cède au dieu du repos,
> Le cœur toujours rempli ne sent plus de distance
> Entre l'instant futur et le moment passé.
> Dans le sein de la paix et de la confiance,
>   Cupidon, bercé, caressé,
> Se réveille en riant ; le plaisir recommence,
>   Et le bonheur n'a point cessé.

Tel étoit le bonheur de Galathée, tandis que Polyphème, espérant l'attendrir et charmer sa solitude, s'approchoit furtivement de sa grotte, et chantoit d'une voix terriblement tendre :

> « De mon esprit et de mon cœur
>   Galathée est la souveraine.
> Plus leste qu'un chevreuil et plus droite qu'un chêne,
> Elle efface, au printemps, l'éclat et la blancheur
>   De l'églantier et du troêne.

Le lait pur a moins de douceur,
Le verre [1] est moins brillant, la pomme moins vermeille ;
Le raisin jauni sur la treille
A moins d'esprit et de saveur ;
Le cèdre est moins superbe qu'elle,
Ses regards font pâlir la lumière du jour.
Elle seroit parfaite enfin, si la cruelle
Savoit répondre à mon amour !

Mais, plus inconstante que l'onde,
Plus dure que le roc, plus souple que l'osier,
Plus piquante que le rosier,
Elle irrite, elle aigrit ma blessure profonde.
L'impétueux torrent, le coursier indompté,
La flamme du bûcher qu'embrase une étincelle,
Sont moins fougueux, sont moins emportés qu'elle.
Le tigre a moins de cruauté,
L'ours a moins de férocité,
Et le paon moins de vanité.

Ah ! si jamais, nymphe trop inhumaine,
De mes perfections vous connoissiez le prix,
Combien vous rougiriez de vos cruels mépris,
Et qu'il vous seroit doux de partager ma chaîne !
Hier j'ai consulté le lac et la fontaine,
Et les Naïades m'ont appris
Que je suis le plus beau des enfans de la plaine.
J'ai les traits de Bacchus, l'embonpoint de Silène,
La taille de Typhon, les épaules d'Atlas ;
Ma voix ressemble à la voix du tonnerre,
Et ce grand Jupiter, qui fait trembler la terre,
Sans incliner le front passeroit sous mon bras.

Mes traits, éblouissans du feu de la jeunesse,
N'ont point de votre teint le tendre velouté.

---

1. Je doute que le verre existât alors. Ces comparaisons, qui caractérisent Polyphème, sont, en partie, imitées d'Ovide.

Mais chaque sexe a sa beauté :
Elle brille chez vous par la délicatesse,
Chez nous par la virilité.
Voyez ce large front tout rayonnant de gloire,
Et cette barbe épaisse, et ce bois de cheveux.
Ma bouche de mes dents découvre tout l'ivoire,
Et, si je n'ai qu'un œil, il en vaut au moins deux.

Mon corps, ainsi que mon visage,
Est couvert de duvets touffus,
Et c'est une beauté de plus :
Qu'est-ce qu'un arbre sans feuillage,
Un agneau sans toison, un oiseau sans plumage ?

Mais ma richesse encor surpasse ma beauté.
Contemplez ces troupeaux errans de tout côté,
Ces brebis, ces béliers, paissans dans mes prairies,
Et ces chevaux épars le long de ce coteau,
Et ces agneaux bêlans près de leurs bergeries,
Et ces bœufs ruminans au bord de ce ruisseau,
Ces fleurs, ces fruits, ces bois et cette onde argentée ;
Tout est à moi, tout est pour Galathée ;
Tout, arbres, fruits, prés et troupeaux,
Mon lait, mes fleurs, mes chalumeaux,
Mes bois et ma grotte et moi-même,
Tout ce que je possède enfin, tout Polyphème.

Venez, nymphe charmante, habiter dans nos bois.
Là le daim, le chevreuil, bondiront sous vos lois.
Là, dans un antre frais, j'élève pour vous plaire
Deux petits ours jumeaux qu'allaite encor leur mère ;
Tous deux pareils, tous deux plus jolis chaque jour ;
On voit déjà qu'ils sont consacrés à l'Amour.
Venez ! que tardez-vous ?... Mais l'ingrate méprise
Mes soupirs, mes trésors et mes soins les plus doux.
D'un indigne rival peut-être elle est éprise.

Lettres à Émilie. III.

> Ah! si je le croyois!... Je ne suis point jaloux,...
> Mais je disperserois sur les ondes sanglantes,
> J'écraserois sur ce rocher
> Ses membres qu'à tes yeux je viendrois d'arracher,
> Et ce cœur qu'en son sein ma main iroit chercher,
> Et ses entrailles palpitantes... »

Il se lève à ces mots, approche, et, d'un regard furieux, découvre Acis tremblant dans les bras de Galathée. Le Cyclope pousse un cri ; l'Etna tremble ; Galathée fuit sous les ondes, Acis entre les roseaux. Polyphème, en le poursuivant, saisit un écueil, et le soulève sur la tête de son rival. Acis esquive cette masse menaçante; mais la pointe du roc, en effleurant sa poitrine, fait jaillir tout son sang aux pieds de son amante éperdue.

Polyphème vengé se retire. Cependant le sang qui s'écoule commence à pâlir, et se change par degrés en une onde limpide et transparente. A la place du corps sanglant couché sur le rivage, Galathée voit s'élever un rocher dont les flancs entr'ouverts se couvrent de mousse et de verdure. Là, tout à coup, un dieu, sous les traits du jeune Acis, s'étend majestueusement sur un lit de roseaux et s'appuie avec grâce sur son urne inclinée. Galathée lui tend les bras et veut lui parler; mais les saules et les peupliers, s'élevant soudain autour de l'onde naissante, environnent le dieu du fleuve, et ferment à jamais son sanctuaire impénétrable.

> Là, chaque soir, pour charmer son veuvage,
> Elle venoit pleurer sur le rivage,
> Et quand la nuit ramenoit les désirs,
> La nuit jadis si féconde en délices !
> L'illusion, les ténèbres propices,
> Jusques au jour lui rendoient ses plaisirs !
> Et, se plongeant, tant qu'arrivoit l'aurore,
>   Dans ses flots caressans et doux,
>   Elle croyoit sentir encore
>   Les caresses de son époux.

La mort d'Acis fut vengée par Ulysse, roi d'Ithaque. Ce prince, revenant du siège de Troie, fut jeté par la tempête sur les côtes de la Sicile. Polyphème, l'ayant surpris sur le rivage, l'enferma, lui et ses compagnons, dans l'antre obscur où il gardoit ses troupeaux. C'est dans ce repaire affreux que le monstre s'enivroit chaque soir et se repaissoit de sang humain. Cependant, avant de dévorer ces étrangers, il eut la curiosité de les connoître, et demanda à leur chef quel étoit son nom. « On me nomme Personne », reprit Ulysse ; et, montant avec effort sur les genoux du géant, il s'y assit, et lui raconta l'enlèvement d'Hélène. Le portrait détaillé de cette princesse fixa d'abord l'attention de Polyphème.

> Épris de cet objet divin,
> Il saisit un tonneau de vin,

Et le vida tout d'une haleine
En l'honneur de la belle Hélène.

Ulysse, avec une coupe beaucoup plus petite, feignit de partager cette libation; puis il entama le récit du siège de Troie. Polyphème, enthousiasmé des exploits d'Achille, but à la gloire de ce héros, puis à celle de Patrocle, d'Ajax, de Philoctète, de Pyrrhus, de Nestor, d'Agamemnon, de Thersite même, qui ne lui parut pas sans mérite; et, passant du camp des Grecs dans la ville des Troyens, il multiplia ses ablutions en balbutiant les noms sacrés de Priam, d'Hécube, d'Hector, d'Andromaque, de Cassandre, d'Énée... Il en étoit au père Anchise, lorsqu'il tomba rempli d'une sainte ivresse, qui fut suivie d'un bruyant et profond sommeil. Aussitôt Ulysse s'arme d'un pieu énorme, et, d'un bras vigoureux, le plonge dans l'œil fermé de Polyphème. Le géant, appesanti par le vin, égaré par la douleur, parcourt en trébuchant sa caverne retentissante.

Au bruit de ses hurlemens, ses voisins accourent à son antre. « Qui vous a blessé? lui dit-on. — Personne », répond le monstre en rugissant; et les voisins, persuadés que, dans son délire, il s'est aveuglé lui-même, se retirent pour éviter sa fureur.

Cependant Ulysse et ses compagnons, fuyant adroitement ses longs bras étendus, se tenoient cachés parmi ses moutons, qui, comme leur maître, étoient beaucoup plus grands que les autres animaux de leur espèce. Ulysse, ayant remarqué que son hôte, en marchant à tâtons, ne portoit la main que sur le dos de ses brebis, attacha sous le ventre de chacune un de ses guerriers, et s'attacha lui-même sous le bélier. Dès le point du jour, le Cyclope, placé à l'ouverture de son antre, fit sortir un à un tout son troupeau. Chaque mouton, en passant entre ses jambes et sous ses mains, emporta un soldat grec, et le chef passa le dernier.

Polyphème, rentré dans sa caverne avec la soif du carnage et l'espoir de la vengeance, la trouve déserte, et frémit de fureur en entendant de loin, dans la plaine, Ulysse et ses compagnons qui couroient vers le rivage. Le monstre, écumant de rage, se met à leur poursuite. Il heurte, il brise, il renverse les arbres, les rochers, les collines; et, d'un bras désespéré, arrachant le sommet d'une montagne, il le lance dans la vallée où l'écho répétoit les cris des Grecs fugitifs. La masse tombe, et le vallon disparoît.

Cependant Ulysse voguoit vers l'île d'Ithaque. Le géant, du haut de la montagne, avance un pied et descend dans la mer. Il ouvre le circuit de ses bras immenses. Ulysse baisse les voiles, le navire échappe, et les mains du Cyclope ne rencontrent que des écueils, un promontoire et la grotte de Galathée. A cette rencontre, un soupir douloureux sortit de sa poitrine oppressée. Il sentit tout ce que perd un amant en perdant la vue. Depuis la mort d'Acis, il n'entendoit plus les chants de Galathée ; il n'osoit même plus lui parler ; mais au moins la voyoit-il encore !

> L'air morne, lentement il remonte au rivage.
> Là, le monstre, étendu sur un rocher sauvage,
> Tantôt croyant du jour entrevoir la clarté,
> Fixoit en soupirant son œil ensanglanté
> Vers l'antre où reposoit peut-être la cruelle ;
> Tantôt, ne rencontrant partout qu'obscurité,
> Retomboit en pleurant dans la nuit éternelle ;
> Les antres mugissoient de ses soupirs confus,
> Et l'écho murmuroit : « Je ne la verrai plus ! »

Apollon délivra Polyphème de cette sombre et douloureuse existence. Pluton, irrité de voir Esculape, fils d'Apollon et de Coronis, reculer le terme de la vie humaine et resserrer les limites de l'empire des morts, s'en plaignit à Jupiter. Celui-ci, pour obliger son frère, ordonna aux Cyclopes, compagnons de Vulcain, de lui forger un nouveau foudre, qu'il lança sur la tête du célèbre et malheureux Esculape. Apollon, désespéré de sa mort et n'osant se venger sur Jupiter lui-même, perça de ses traits tous les Cyclopes, et rendit à jamais désertes les forges de Vulcain.

Le nom de Cyclopes leur vint, dit-on, du mot grec *Cyclos*[1], cercle, à cause de la forme circulaire de l'œil qu'ils avoient au milieu du front. Cet œil supposé n'étoit autre chose que l'ouverture ronde pratiquée au milieu d'un bouclier, dont ils se couvroient le visage en travaillant, pour se garantir du feu et des étincelles. Ces espèces d'ouvertures se remarquent encore quelquefois au milieu des boucliers antiques; et, à leur occasion, voici ce qui m'est arrivé :

> Apercevant, un jour, l'égide de Minerve,
> Je voulus m'approcher pour admirer de près
> Ce bouclier sacré qui, dit-on, nous préserve
>   De Cupidon et de ses traits.
> J'avance. Un éclair part du centre de l'égide.
> « L'Amour est caché là, me dis-je alors tout bas;
> Je reconnois sa flamme. Il faut que le perfide,
> Pour m'atteindre, ait percé l'égide de Pallas. »
>   Aussitôt d'une main hardie
>   Brusquement je la soulevai;
>   Or, devinez qui j'y trouvai :
>   L'Amour? non. Qui donc? Émilie.

---

1. Κύκλος.

LETTRE LXXIX

DIVINITÉS DES BOIS, DES PRAIRIES, ETC.

QUAND vous assistez, Émilie, à la célébration d'un mariage, vous observez en détail les physionomies étrangères et quelquefois étranges de tous les assistans. Plus les grâces ou la nouveauté de leur extérieur vous surprennent ou vous intéressent, plus vous êtes curieuse d'apprendre

> Les amours de la sœur, du frère,
> Les aventures du voisin,
> Les petits secrets de la mère,
> Et l'histoire du grand cousin.

Il est probable qu'en voyant passer le cortège[1] nuptial de Neptune et d'Amphitrite, vous avez éprouvé la même curiosité ; et moi, qui suis à peu près initié dans les secrets de la famille,

> Je vais vous dire, en conscience,
> Sans surcharger la vérité,

---

1. Voyez la lettre LXXVI.

> Tout ce qu'on dit, tout ce qu'on pense
> De chaque dieu, de chaque déité.
> Si ce récit vous offre un peu de médisance,
> Ne me l'imputez pas; mais songez, s'il vous plaît,
> Que c'est la faute du sujet,
> Et que, tant ennemi qu'on soit de la satire,
> Quand il s'agit d'honneur, raconter, c'est médire.

Dégageons d'abord nos principaux personnages de la foule des personnages accessoires, et brochons légèrement sur les petites vertus et les grâces populaires de cette multitude de divinités maritimes et champêtres, qui n'apportent à la cour de Neptune que leur gaieté rustique et leur fraîcheur villageoise, et qui n'y sont invitées que par égard pour le vieil Océan chargé de cette nombreuse famille.

Et, en effet, quel intérêt trouverez-vous à savoir que ces Napées, parées de fleurs champêtres, veillent à la conservation des prairies; que ces Oréades, couronnées de mousse, de pin ou de genièvre, habitent les grottes des montagnes; que ces Dryades, ceintes d'une guirlande de violettes, gardent l'asile des bocages; que ces Hamadryades, le front ombragé de verdure, préservent de toute atteinte l'arbre auquel leur existence est unie; que l'existence vénérable de ces chênes antiques est confiée particulièrement à ces Querculanes parées de leurs feuillages? Vous dirai-je encore que la nymphe Rusina, portant un soc ou un râteau, surveille la culture des champs; que ses sœurs, Vallonia et Collina, conservent la verdure des vallons et des collines, et cueillent chaque jour leur parure au milieu de leurs rians domaines; que les nymphes Bubona [1] et Hippona, un cornet ou un fouet à la main, président aux pâturages, aux écuries, aux étables des bœufs et des chevaux; que la nymphe Séia, tenant une poignée de grains, prend soin du blé nouvellement semé sur la terre fécondée par le dieu Sterculius, qui, armé d'une fourche, conduit et distribue les engrais; que Ségétia [2], couronnée de verdure naissante, fait éclore le froment; que Volusia étend la tige et développe la feuille dont Patélina dégage l'épi que Flora féconde, et que Lactucina remplit d'un lait substantiel consolidé par Matuta, pulvérisé par Pilumna [3], et transformé par l'ardente Fornax [4] en une pâte légère et nourrissante? Ce ne sont pas là les secrets que vous êtes curieuse d'apprendre. D'ailleurs, en voyant ces nymphes couronnées d'épis verts ou jaunissans, en remarquant dans leurs mains les divers instrumens qui servent à cultiver, recueillir, battre, broyer et cuire le froment, vous avez déjà deviné l'emploi de chacune d'elles. Si, ne sachant ni bien ni mal

---

1. Apul., *Asin. aur.*
2. Pline, liv. XVIII.
3. Ou Pilumnus. Serv.
4. *Fastes* d'Ovide.

de ces déités inconnues, je m'avise, sauf erreur, de vous en faire l'éloge et de vous les citer comme les modèles de la douceur, de l'innocence et de toutes les vertus qui, dit-on, règnent incognito dans les campagnes inhabitées, ces Faunes aux pieds de chèvre, ces Satyres à la barbe de bouc et ces Sylvains au corps velu, qui vous regardent et m'écoutent peut-être, vont rire de ma bonne foi et de votre crédulité.

> Taisons-nous donc : croyons qu'en tout bien, tout honneur,
> Ces nymphes ont vécu comme elles devoient faire,
> Et, pour continuer d'adorer la pudeur,
> Ne soulevons jamais le voile du mystère.

Passons de cette nombreuse famille à celle des filles de Nérée. Mais que vous en dirai-je encore? Ces Tritons savent mieux que moi contre quel écueil échouèrent les vertueux projets de cette Néréide; à quel fleuve la naïade de ce ruisseau porte, en serpentant, son amour aussi pur que sa source; avec quel dieu la nymphe de ce beau lac renversa cette touffe de roseaux et troubla son miroir jadis si transparent; quelle nuit et dans quelle rencontre la naïade de cette fontaine brisa son urne, la pleura si amèrement, et recueillit avec tant de peine le cristal de son onde extravasée. Mais, quelque peu intéressante que soit la chronique de toutes ces divinités subalternes, avouez, mon amie, qu'il est doux de se reporter à ces temps heureux où l'air, la terre et l'onde étoient peuplés de génies bienfaisans, où l'on ne se reposoit que sur le lit des nymphes, où l'on ne respiroit que l'haleine des Zéphyrs, où l'on ne s'abreuvoit que des pleurs ou de la substance des naïades. Est-il une manière plus aimable et plus touchante de multiplier et d'embellir l'image du Créateur?

> Pour moi, je l'avoûrai, soit raison, soit foiblesse,
> J'aime à déifier tout ce qui m'intéresse;
> Et, dès qu'un plaisir pur vient m'animer, mon cœur,
> Enivré du bienfait, cherche le bienfaiteur.
> Je le trouve partout : l'Olympe est la nature.
> J'adore le printemps qui nous rend la verdure.
> J'invoque les Zéphyrs dont l'aimable retour
> Pare de fleurs le temple et l'autel de l'Amour.
> De l'automne en cueillant la récolte vermeille,
> Je rends grâces au dieu qui remplit ma corbeille.
> Je salue, en entrant chez l'humble laboureur,
> Et le dieu de la paix et le dieu du bonheur;
> J'adore l'amitié dont la main tutélaire
> S'étend sur Émilie et protège ma mère;
> Je sens qu'il est un dieu qui donne les plaisirs,
> Et qu'il en existe un même pour les désirs,
> Et crois, en remontant de l'effet à la cause,
> Qu'au sein du Créateur le vrai bonheur repose.

Il faut distinguer de la foule des Néréides Thétis, qui fut, dit-on, la plus belle femme de l'univers. Apollon, Neptune et Jupiter, épris de ses charmes, se disputèrent sa main. Thétis, insensible à l'hommage de ces dieux, leur préféroit secrètement Pélée, simple mortel et modeste souverain d'un petit canton de la Thessalie.

> On aime mieux son égal que son maître [1].

Cependant, comme les désirs des rois sont les arrêts des destinées, Thétis alloit céder aux vœux de Jupiter, lorsque Prométhée prédit à celui-ci que cette nymphe mettroit au monde un fils qui seroit un jour plus illustre et plus grand que son père. Soudain, le roi du ciel et ses rivaux renoncèrent à leurs prétentions.

> Pélée obtint, par cet heureux retour,
> Avec le cœur, la main de son amie ;
> Et cet implacable vautour,
> Qui, sans assouvir sa furie,
> Dans le sein des mortels dévore tour à tour
> L'amitié, les plaisirs, le bonheur de la vie,
> L'Orgueil, fut une fois favorable à l'Amour.

---

1. Voltaire, comédie de *Nanine*.

LETTRE LXXX

TRITON, NÉRÉE ET DORIS. INO
ET MÉLICERTE. PROTÉE.

TRITON fut le fils aîné et le favori du souverain des ondes. Les uns lui donnent pour mère Amphitrite, épouse de Neptune, d'autres la nymphe Céléno, l'une de ses maîtresses; et j'incline assez vers cet avis, à cause de la prédilection du père pour ce fils, d'ailleurs peu intéressant.

> Du lien conjugal telle est la destinée,
> Que le meilleur époux, en dépit qu'il en ait,
> Préfère toujours en secret
> Les enfans de l'Amour à ceux de l'Hyménée.

Le talent le plus recommandable de Triton fut celui de sonner de la trompette. Il paroît qu'il dédaignoit la mélodie, et que le terrible étoit son genre, puisque, dans la mêlée du combat des Titans contre les dieux, il mit en fuite les Géans épouvantés, en entonnant un concerto de trompette marine.

Quel talent ! quel sujet ! comme il feroit merveilles
Dans les morceaux tonnans de ces compositeurs
Qui, hurlant, glapissant, mugissant à grands chœurs,
Si chromatiquement déchirent nos oreilles !

Triton fit part de son talent à tous ses frères, qui, comme lui, en ont conservé les lèvres gonflées et le visage un peu bouffi.

Malgré le plaisir qu'il prenoit à les entendre, Neptune suspendit un jour leurs bruyans concerts pour écouter les chants mélodieux du célèbre Nérée. Ce favori d'Apollon, qui prévoyoit les arrêts des Destinées, et embellissoit des prestiges de la poésie le lointain de notre existence, environné de toute la cour de Neptune et d'Amphitrite, préluda tendrement sur sa lyre, et chanta dans une douce inspiration :

Jeunes beautés, faites silence,
Ma voix annonce l'avenir.
Pour vous de ma vaste science
Les secrets vont se découvrir :
C'est la jeunesse qui me donne
Le présage de tous les temps ;
Je prédis des fruits pour l'automne
Quand je vois des fleurs au printemps.

A l'éclat de la renommée
Préférant un bonheur obscur,
Vous aimez ; vous serez aimée.
A quinze ans ce présage est sûr.

L'Hymen, par un nœud légitime,
A votre amant doit vous unir.
Vous avez sa première estime,
Vous aurez son dernier soupir.

A la piété filiale
Vous consacrez vos jeunes ans.
L'Amour tient la balance égale
De vos soins entre vos parens...
Heureuse mère ! quelle ivresse
Charmera vos derniers instans !
Que de baisers, que de tendresse
Vous prodigueront vos enfans !

A la vertu, dans ses disgrâces,
Vous aimez à tendre la main.
La Douleur, qui cherche vos traces,
Vous trouve à moitié du chemin.
Un jour vous répandrez des larmes ;
Mais les dieux pour vous m'ont promis
Que vous y trouveriez des charmes,
Car vous aurez de vrais amis.

La nymphe Doris, attendrie par ces chants et soupirant après cet avenir de félicité, regardoit le devin en rougissant, mais n'osoit se fier à ses prédictions. Nérée, dans ses regards timides démêlant son incrédulité, lui prédit qu'elle seroit heureuse mère, épouse adorée, et jura qu'avant la fin de l'année cette prédiction s'accompliroit, pourvu qu'à l'instant même la nymphe daignât lui accorder sa main. Doris tenta cette épreuve, et l'Hymen, contre sa coutume, surpassa de beaucoup ses promesses. L'épouse de Nérée, pendant un siècle et plus, mit au jour, chaque année, une ou deux Néréides. La plupart de ces nymphes épousèrent les frères ou les enfans de Triton. Les autres habitèrent la grotte des Fleuves ou l'asile champêtre des Faunes et des Sylvains.

Nérée et Doris partagèrent la faveur de Neptune avec Ino et Mélicerte, infortunés que ce monarque avoit pris sous sa protection.

Athamas, roi de Thèbes, ayant répudié Néphélé et chassé Phryxus et Hellé, ses deux enfans, épousa Ino, dont il eut un fils appelé Mélicerte. Junon, qui, comme mauvaise épouse, présidoit sans doute aux mauvais ménages, fit éclore dans le cœur d'Athamas l'affreux projet de massacrer la reine et son jeune fils. Ino, pour se soustraire à sa fureur, se précipita au milieu des flots en tenant Mélicerte dans ses bras. Neptune, à qui l'habitude fréquente de la paternité faisoit sentir le prix de l'amour maternel, reçut à sa cour l'enfant et la mère. Ino fut depuis adorée sous le nom de Leucothoé, et Mélicerte sous celui de Palémon chez les Grecs, et de Portunus chez les Latins. Il présidoit à la sûreté des ports, dont on lui mettoit les clefs dans la main droite. De la gauche, il tenoit une ancre ou un gouvernail. Les matelots invoquoient Portunus près du rivage, et en pleine mer Saron, qui présidoit à la manœuvre; ce dieu tenoit une rame et des cordages.

Phorcys, autre dieu du second ordre, auquel les pilotes adressoient des vœux passagers pendant la tempête, étoit fils de Neptune et père de Méduse. Chassé par Atlas des royaumes de Corse et de Sardaigne, il trouva un asile à la cour de son père, et y jouit de cette compassion respectueuse qui humilie les rois détrônés.

Mais, de tous les courtisans de Neptune, celui qui posséda le mieux l'esprit de son état fut le devin Protée, fils de l'Océan et de Téthys, dont les traits furent si mobiles et le caractère si flexible que je n'entreprendrai ni de vous le dépeindre ni de vous le définir : car vous n'ignorez pas, mon amie, que la définition est pour le moral ce que la description est pour l'extérieur. Si j'essayois de dépeindre Émilie, je dirois :

> Lèvres de rose, haleine de Zéphire,
> Trésors d'albâtre et modeste maintien ;
> Charmes qui font sentir ce qu'on n'ose lui dire ;
> A ses genoux un regard vous attire,
> Un soupir vous égare, un coup d'œil vous retient.

Mais, si je voulois la définir, j'ajouterois :

> Son esprit, sa bonté, son modeste langage,
> Vous pénètrent d'un sentiment
> Qui vous attache uniquement

Et sans réserve et sans partage.
On ne peut l'estimer ni l'aimer à demi :
Qui n'est que son ami veut être davantage ;
Qui n'est que son amant veut être son ami.

LETTRE LXXXI

GLAUCUS ET SCYLLA

Il est une douce langueur
Que la tendresse nous inspire,
Quand l'innocence à notre cœur
Cache encore ce qu'il désire :
Une plus brillante clarté
Sourit à notre œil enchanté ;
Un nouvel univers commence ;
Loin de lui le cœur emporté
Nage dans une mer immense
D'amertume et de volupté.

Songe heureux ! aimable délire !
Vous vous envolez pour toujours
Dès que la vérité déchire
Le bandeau léger des Amours.
Au jour fatal qui nous éclaire,
Quand nous discernons les objets,
Adieu bonheur, adieu chimère !
On se dit d'une voix amère :
« C'est donc là ce que je cherchois ! »
Ah ! n'éclairons point l'innocence.
Laissons la tendre adolescence

Désirer, espérer, languir,
L'amour n'a point de jouissance
Qui vaille le premier désir.

Scylla, fille de Phorcys et d'Hécate, éprouvoit cette mélancolie, plus douce, plus enivrante que le plaisir même, lorsqu'elle aperçut au bord de la mer un jeune pêcheur qui se préparoit à jeter ses filets. Son regard étoit tendre, sa figure languissante, sa taille svelte et majestueuse ; ses jambes nues ressembloient à celles de Mercure, ses bras à ceux de Ganymède; une courte draperie, flottant sur ses épaules, laissoit entrevoir son sein oppressé de soupirs et palpitant des feux de la jeunesse.

Deux malades qui se rencontrent s'intéressent mutuellement, surtout quand leur maladie est la même. Glaucus et Scylla se regardèrent, se plaignirent, et associèrent ainsi leurs souffrances :

« Vous soupirez, nymphe charmante?
— Jeune étranger, vous soupirez?
— D'une inquiète ardeur mes sens sont dévorés.
— La même inquiétude en secret me tourmente.
— Je ne dors plus. — Ni moi. — Je viens rêver ici,
J'y désire quelqu'un ; j'y suis seul ; je soupire.
— Je rêve comme vous, et je désire aussi,
Sans savoir ce que je désire.
— Moi qui n'aurois pu voir même un oiseau souffrir,
Qui du mal redoutois jusques à l'apparence,
Croiriez-vous qu'aujourd'hui mon unique plaisir

Seroit de voir quelqu'un partager ma souffrance ?
— Ah! n'en rougissez pas, vous me feriez rougir :
Car, je vous l'avoûrai, j'ai le même désir.
— De mes lèvres de feu quelles lèvres brûlantes
   Viendront respirer les ardeurs ?
    — Quels soupirs sécheront les pleurs
   De mes paupières languissantes ?
— J'en jure par l'Amour, belle nymphe : c'est moi
   Qui vais mettre un terme à vos peines.
— Secourable étranger, dans votre état, je croi
   Que l'on a bien assez des siennes.
— Eh bien ! échangeons-les. — Eh! qu'y gagnerons-nous?
— Qui sait ? — Notre fardeau sera toujours le même.
    — Non; des peines de ceux qu'on aime
   Le partage est, dit-on, plus doux.
— Vous croyez? Essayons. — Hélas! votre main tremble.
— La vôtre tremble aussi. — Notre mal se ressemble.
   — Asseyez-vous. — Reposez-vous. »

Et ils s'assirent; mais se reposèrent-ils? Si vous êtes curieuse de l'apprendre, interrogez cette femme, vêtue de noir, qui s'avance à grands pas vers le rivage, et les observe d'un œil courroucé. Voyez comme ses cheveux se hérissent, comme sa baguette s'agite dans ses mains. Entendez-vous siffler ce serpent sur sa tête? Peut-on être à ce point jaloux du repos de deux jeunes infortunés? Quelle est donc cette femme qui ne peut souffrir qu'une autre...? Hélas! c'est une femme...

   Adieu, ma bonne et tendre amie,
   Ange d'innocence et de paix,
   Dont le cœur ne connut jamais

La haine ni la jalousie :
Si votre sexe a le malheur
D'éprouver souvent la fureur
De cette double frénésie,
Votre inaltérable douceur
Avec lui me réconcilie.

LETTRE LXXXII

CIRCÉ. LES SIRÈNES

Fille de la Nuit et du Jour,
Et favorite de sa mère,
Par ses enchantemens Circé fit tour à tour
Gronder les cieux, trembler la terre,
Frémir la Nature et l'Amour,
Et pâlir le front de son père.

Épouse d'un jeune roi des Sarmates, elle empoisonna la coupe nuptiale et se réfugia sur un promontoire de la Campanie. Là, seule, dévorant ses remords, errant à travers les rochers et les précipices, elle recueilloit, avec le poison des plantes, le noir venin des reptiles. De longs voiles parsemés d'étoiles de feu ceignoient son front et tomboient en flottant jusqu'à terre. Une baguette magique s'agitoit dans sa main, et traçoit autour d'elle un cercle mystérieux, dont elle occupoit le centre. C'est là que... Mais une plume immortelle a tracé ce tableau[1]; et, quand Pindare a parlé, je ne sais plus qu'admirer et me taire.

> La fauvette timide et son foible ramage
> Doivent céder aux chants du cygne harmonieux ;
> Et, quand il plane dans les cieux,
> L'aigle impose silence aux oiseaux du bocage.

Tandis que Circé achève ses noirs enchantemens, Glaucus, immobile sur le sein de sa chère Scylla, ouvre languissamment ses paupières appesanties, cherche des yeux les yeux de son amante, et ne rencontre que les regards affreux de six têtes énormes, dont les bouches béantes lui présentent leur triple rang de dents ensanglantées. Saisi d'étonnement et d'effroi, il se lève, recule, et contemple, en frissonnant d'horreur, un corps informe, opposant ses vastes flancs à la fureur des flots, et environné de chiens furieux, dont les hurlemens menacent de loin les vaisseaux que le monstre attend au passage.

Tel fut le sort de la malheureuse Scylla, que vous distinguerez d'une autre Scylla, fille de Nisus, qui trahit son père et fut changée en alouette :

---

1. Voyez la Cantate de *Circé*, par J.-B. Rousseau.

car il faut bien se garder, surtout aujourd'hui, de confondre le sort du criminel avec celui de l'infortuné.

Les enchantemens de Circé échouèrent contre la prudence d'Ulysse, qu'elle voulut asservir et qui l'asservit elle-même. Je vous raconterai ces détails dans l'histoire de ce héros, dont elle eut, en moins d'une année, trois enfans...

Trois enfans, quand la mère est aimable et jolie,
On peut lui pardonner cette sorcellerie.

Il arrive quelquefois qu'une enchanteresse, par jalousie d'état, nous préserve des enchantemens d'une autre. Circé avertit Ulysse de se boucher les oreilles avec de la cire, et de se faire attacher au mât de son vaisseau, pour résister à l'attraction du chant des Sirènes et éviter les écueils qu'elles habitoient auprès des côtes de Sicile. Ces trois sœurs étoient filles du fleuve Achéloüs et de la muse Calliope. On les nommoit Leucosie, Lydie et Parthénope. Leucosie tenoit des tablettes et chantoit, tandis que Lydie l'accompagnoit avec la flûte et Parthénope avec la lyre.

Parthénope donna son nom à une ville célèbre d'Italie, où l'on prétend qu'elle mourut. La ville de Parthénope ayant été détruite, Phalaris la réédifia, et la nomma Neapolis, ville neuve. Naples n'a point oublié le chant des Sirènes. Elle est encore la patrie des successeurs d'Orphée et l'école de la mélodie ; mais, hélas! l'Amour trop souvent n'y chante ses exploits qu'après avoir perdu ses armes.

> Là, la muse du chant, craignant que de sa voix
> Les combats ou la chasse ou la fraîcheur des bois
> N'altèrent l'organe fragile,
> Lui laisse son arc inutile,
> Et lui dérobe son carquois.

Les talens des Sirènes les firent admettre dans la société de Proserpine, puisqu'elles furent témoins de son enlèvement. Ce fut pour la chercher que les dieux leur accordèrent des ailes. Mais elles ne conservèrent pas longtemps leur plumage. Ayant osé disputer aux Muses le prix du chant, elles furent vaincues par leurs rivales, qui se couronnèrent de leurs plumes. J'ignore si Calliope, mère des Sirènes, prit part à leurs dépouilles.

> Mais j'aperçois, de temps en temps,
> Plus d'une mère de famille
> Qui, malgré tout l'amour qu'elle a pour ses enfans,
> Voudroit bien se parer des plumes de sa fille.

Les Sirènes, à l'aide du temps et de la vanité, se consolèrent peu à peu d'avoir été surpassées par des déesses ; mais elles ne purent survivre à l'affront d'avoir été vaincues par un mortel. Déjà les Argonautes, attirés par leurs chants, oublioient la conquête de la toison d'or; déjà leur vaisseau dérivoit vers l'île fatale. Soudain Orphée monte sur le tillac, et, d'une voix divine, chante le combat des dieux. A ces accens inspirés par le génie, animés par la gloire, épurés par la vertu, le prestige se dissipe, le charme cesse, et le navire vogue à pleines voiles vers le rivage de Colchos. Les Sirènes, réduites au silence et au désespoir, jetèrent leurs instrumens dans la mer, et s'y précipitèrent elles-mêmes.

> Le dieu de l'humide séjour
> Les y reçut en souveraines.
> Elles firent depuis l'ornement de sa cour;
> La cour fut de tout temps le pays des Sirènes.

On pourroit les représenter d'abord sous la figure de jeunes nymphes tenant des instrumens de musique; après l'enlèvement de Proserpine, on leur donneroit des ailes; après leur recherche infructueuse, des plumes et des pieds d'oiseau; après leur arrivée chez Neptune, des nageoires et une queue de poisson.

L'image de Circé varie également suivant le temps et le lieu où elle est représentée. Accorde-t-elle sa main au jeune prince des Sarmates, c'est Vénus montant sur le trône de Paphos et de Gnide.

Conjure-t-elle la perte de Scylla, la fureur ride son front, la rage s'exhale de sa bouche écumante ; les serpens sifflent et s'entrelacent dans ses cheveux hérissés ; l'orage gronde sur sa tête ; la foudre obéissante sillonne, à ses pieds, le cercle magique qui l'environne ; un jour pâle et livide éclaire son attitude terrible, sa baguette menaçante, son voile noir, sa robe étincelante, et les coupes empoisonnées dont la vapeur s'élève vers les cieux épouvantés. Mais accueille-t-elle dans son île le roi d'Ithaque et les héros qui l'accompagnent, les roses couronnent sa chevelure blonde et parfumée. La pudeur est sur son front, la persuasion sur ses lèvres. Son regard exprime la langueur du désir, son geste la mollesse de la résistance. Sa robe transparente trahit les contours de sa taille flexible, et l'albâtre mobile de son sein agité. Les Zéphires se jouent dans les plis de son voile, autour de ses bras arrondis et de ses pieds délicats. D'une main elle tient sa baguette entourée de fleurs, de l'autre elle présente en souriant une coupe pareille à celle que je vous envoie par le porteur de ce message.

> L'Amour vous donna de Circé
>   La taille enchanteresse,[1]
> Son sourire, son œil baissé,
>   Son esprit, sa finesse.
> Comme Circé vous nous charmez,
> Comme elle vous nous enflammez ;

Mais, pour qu'en tout vous souteniez
    Cet heureux parallèle,
Je veux encor que vous ayez
    Une coupe comme elle.

Celui qui de ce vase aura,
    Après vous, les prémices,
A longs traits y savourera
    L'amour et ses délices.
D'espoir, de crainte, de désir,
Son sein va brûler et transir;
Et, quand sa bouche aura d'abord
    Bien épuisé la coupe,
Ses lèvres presseront encor
    Les bords de la soucoupe.

Ah! si dans votre île, à son tour,
    Aborde ma nacelle,
Faites-moi, dès le premier jour,
    Devenir tourterelle.
Là, près de vous, je veux gémir,
Et me consumer de plaisir.
Et, quand je n'aurai plus enfin
    Que quelques étincelles,
Je m'éteindrai sur votre sein
    En étendant mes ailes.

LETTRE LXXXIII

CÉIX ET ALCYONE

L'Amour, auteur de tant de maux,
L'Amour, qui jusqu'au sein des flots
Porta le trouble et les alarmes,
Fit pleurer Amphitrite et les nymphes des eaux,
Deux fois sur le rivage a répandu des larmes.

Alcyone et Céix lui coûtèrent des pleurs.
Son souffle de Borée adoucit les rigueurs
Pour protéger encor ce couple aimable et tendre [1];
Et sa voix gémissante attendrit les échos,
Quand l'Aquilon fougueux, aux rives de Sestos,
Éteignit le flambeau qui conduisoit Léandre.

Alcyone, fille d'Éole, avoit épousé Céix, roi de Trachine, fils de Chione et de Lucifer [2].-

Lucifer est ce dieu qui, dès l'aube du jour,
Précède du soleil la jeune avant-courrière.
Quand Phœbus étincelle au bout de sa carrière,
Lucifer de la nuit annonce le retour ;
Et, sans trahir leurs pas, sa discrète lumière
Conduit au rendez-vous l'Espérance et l'Amour.

---

1. Les Alcyons.
2. On le nomme *Lucifer* avant le lever, et *Vesper* après le coucher du soleil.

Céix jouissoit, près de sa chère Alcyone, de cette inaltérable félicité qu'on n'entreprendra jamais de peindre quand on l'aura bien sentie.

>Ce n'étoit point ce délire amoureux
>Qui s'éteint avec la jeunesse,
>Et dont le souvenir ne laisse
>Que le néant d'un vide affreux.
>Ce n'étoit le plaisir, l'estime, la constance,
>L'amitié ni l'amour; mais c'en étoit l'essence,
>Nectar délicieux dont le Destin jaloux
>Remplit si rarement la coupe des époux!

En épuisant, chaque jour, cette coupe céleste, Alcyone étoit devenue mère. Céix partageoit avec ivresse ses soins, ses peines et ses plaisirs. Quelquefois, pour lui renouveler le sentiment de leur félicité commune, il se plaisoit à lui en tracer la peinture, comme on aime à présenter un miroir à la modestie pour lui rappeler qu'elle est belle. Apercevoit-il sur son front quelque nuage de tristesse, il s'asseyoit près d'elle, et lui disoit en la tenant embrassée :

>Je ne t'ai pas vu sourire
>Depuis le lever du jour.
>J'entends ton cœur qui soupire.
>Est-ce de peine ou d'amour?
>Pour chasser la rêverie
>Qui s'empare de tes sens,
>Rappelle-toi, mon amie,
>Ton époux et tes enfans.

Au sein de notre famille,
Le soir, l'un et l'autre assis,
Dans mes bras je tiens ta fille,
Dans tes bras tu tiens mon fils.
Sous les traits de leur jeunesse
Je crois démêler tes traits,
Et j'embrasse avec ivresse
Le modèle et les portraits.

J'aperçois sur ton visage
Les traces de la douleur.
J'en demande le partage,
Et j'en obtiens la faveur !
Embrasse-moi ; je t'adore ;
Pour mon cœur c'est un besoin...
Notre baiser dure encore :
La douleur est déjà loin.

Tel fut le bonheur d'Alcyone tant que Céix n'eut d'autre ambition que celle de lui plaire. Mais bientôt la fortune, en étendant son empire et ses richesses, alluma dans son sein la soif des grandeurs. Ébloui de sa nouvelle puissance, il osa prendre le nom de Jupiter [1], et son épouse s'aperçut qu'il en prenoit aussi le caractère et l'indifférence conjugale. Riche d'honneurs et pauvre de plaisirs, Alcyone, au sein de sa stérile opulence, regrettoit chaque soir sa féconde médiocrité.

La grandeur et l'amour s'accordent mal ensemble :
L'une cherche l'éclat, l'autre l'obscurité.

---

1. Apollodore, liv. I.

L'une aime à découvrir toute sa majesté ;
Dès qu'on aperçoit l'autre, il tremble
De laisser voir sa nudité.
Aussi, je l'avoûrai, jamais de la puissance
Je n'ai pu concevoir le suprême plaisir ;
Mais que je conçois bien la douce jouissance
De savourer son existence
Dans un modeste et vertueux loisir !
Ah ! que l'ambitieux du bonheur de sa vie
Trouble, à son gré, le fond pour la superficie :
J'ai besoin d'un bonheur moins brillant, mais plus sûr,
Qui ressemble, s'il est possible,
A cette source obscure, mais paisible,
Dont la surface est calme et le fond toujours pur.

Jupiter vit avec indignation un foible mortel usurper le nom du roi des cieux, et, depuis ce moment, la vengeance céleste plana sur la tête de l'usurpateur.

Chione, suivant quelques auteurs, mère de Céix, et, selon plusieurs autres, nièce de ce prince, fière d'avoir épousé en même temps Apollon et Mercure, osa se préférer à Diane elle-même. Cette témérité demeura longtemps impunie. Diane, insensible à l'amour, n'étoit point encore jalouse de sa beauté ; mais elle vit Endymion, et Chione tomba sous ses traits. Dédalion, père de cette infortunée, se précipita d'un rocher du mont Parnasse. Les dieux eurent pitié de son sort, et le changèrent en épervier.

Céix, effrayé des malheurs de sa famille, et les

regardant comme un sinistre présage pour lui-même, résolut d'aller à Claros consulter l'oracle d'Apollon. Ceux qui le prétendent fils de Chione assurent qu'il vouloit y conjurer le dieu de la médecine de rendre le jour à sa mère. Vous aimerez à penser, mon amie, que ce fut là le motif de son voyage;

Et, d'après votre cœur jugeant le cœur d'un autre,
Vous croirez que Céix, en écoutant sa voix,
Pour sa mère fit autrefois
Ce qu'aujourd'hui vous feriez pour la vôtre.

A la nouvelle de ce départ précipité, Alcyone, saisie de douleur et d'effroi, vole au rivage, aperçoit Céix, dont le pied touche la barque fatale, pousse un cri, se précipite, et, le visage et le sein inondés de larmes, s'écrie en embrassant ses genoux :

« Que t'a fait la triste Alcyone?
Quel crime a-t-elle donc commis
Pour que son ami l'abandonne?...
Si pourtant mon époux l'ordonne,
A ses lois mon cœur est soumis;
Mais au moins, en quittant celle qui vous fut chère,
Pourquoi d'un perfide élément
Voulez-vous braver la colère?
Si l'aquilon repose en ce moment,
Croyez-moi, son repos présage le tonnerre.

Lettres à Émilie. III. 25

Je suis fille d'Éole, et connois mieux que vous
　　　Les emportemens, le courroux
　　　Et l'inconstance de mon père.
Confiez ce voyage à la mère des Dieux[1];
Elle vous conduira par des routes fleuries.
Les éclats de la foudre et les vents furieux
Et les flots écumans pour vous valent-ils mieux
Que le zéphyr des champs et l'émail des prairies?
　　　Chez Cybèle, en quelques climats
　　　Que Mercure guide vos pas[2],
Rêvant à vous le soir, quand la nuit sera close,
Et vous introduisant au milieu des palais,
Sous l'asile du chaume ou l'ombre des forêts,
　　　Je pourrai me dire : « Il repose;
　　　« Reposons-nous. » Mais, sur les flots,
　　　Point d'asile, point de repos.
　　　J'interrogerai le nuage
　　　Qui vers la mer prendra son cours,
　　　Dans ses flancs je croirai toujours
　　　Entendre murmurer l'orage;
　　　Et, si quelque banc de rameurs
　　　Vient échouer sur ce rivage,
　　　En proie à de sombres terreurs,
　　　Ne songeant que mort et veuvage,
　　　Je croirai répandre des pleurs
　　　Sur les débris de ton naufrage!... »

A ces mots, l'époux d'Alcyone, se croyant encore son amant, interrompit ses plaintes par un baiser, et lui dit du même ton qu'autrefois :

« Avant que de la nuit l'inégale courrière
Ait deux fois dans les cieux achevé sa carrière,

---

1. Cybèle, déesse de la terre.
2. Mercure, dieu des voyageurs.

> Je jure qu'en ces lieux je serai de retour.
> Si j'ai choisi la mer pour quitter ce séjour,
> C'est que les vents rendront, sur le liquide empire,
> Mon retour plus rapide et le trajet plus court.
> Attends-moi, je reviens. Souviens-toi que Zéphire
> A des ailes comme l'Amour. »

Il dit, s'échappe de ses bras, et s'élance sur le vaisseau, qui fend l'onde et fuit le rivage. Là, les bras étendus, immobile de douleur, Alcyone attache ses derniers regards sur son époux, sur le navire, sur la voile blanchissante, dont l'image fugitive s'efface et disparoît.

Alors, l'œil morne et la tête abattue, elle retourne lentement dans son palais, où chaque objet renouvelle ses regrets et son désespoir :

> Cet asile silencieux
> Qui des secrets du roi fut le dépositaire,
> Ses habits, son armure éparse sous ses yeux,
> Et cette alcôve solitaire,
> Et ce lit tiède encor de leurs derniers adieux.

Mais bientôt la douleur cède à la crainte. Alcyone, pour le salut de son époux, prépare un sacrifice au souverain des ondes et aux dieux des tempêtes. « Je suis fille d'Éole, disoit-elle ; et peut-être ses fougueux enfans accueilleront-ils l'offrande et les vœux de celle qui doit le jour à leur père. »

Déjà le sang d'un noir taureau coule sur l'autel

de Neptune. Tandis que ses prêtres le recueillent dans des coupes dorées, un énorme sanglier, l'œil farouche, le poil hérissé, se roidit contre le bras qui l'entraîne, approche et tombe en rugissant sous la hache sacrée. Les sacrificateurs jettent au milieu des flots les entrailles palpitantes, et rougissent l'onde amère de leurs coupes ensanglantées. Cependant, sur un rocher battu des vagues irritées, on immole une brebis noire, en conjurant à grands cris Éole et les orages. Ces sinistres accens sont de temps en temps interrompus par le chant des vierges couronnées de guirlandes, et conduisant à l'autel du Zéphire un agneau qu'allaite encore sa mère. Soudain le bûcher s'allume, et la vapeur des offrandes monte, avec l'encens, vers le trône de nuages où siège le roi des airs. En ce moment, Alcyone élève vers le ciel ses regards brillans de ferveur et d'espérance, et tombe à genoux en s'écriant :

« D'une fille autrefois chérie,
Éole, entends les vœux et calme la douleur.
Mon père, souviens-toi que tu dois le bonheur
A celle qui te dut la vie.

« Aux Aquilons impétueux
Interdis l'empire des ondes ;
Enferme leur essaim dans tes grottes profondes,
Et, si leurs cris tumultueux

Menacent les remparts de ta retraite obscure,
Rappelle à tes enfans qu'Alcyone est leur sœur,
　　Et, s'il se peut, enchaîne leur fureur
　　　　Des nœuds sacrés de la nature.

　　　« Redoutable amant d'Orithye [1],
Épargne ce que j'aime, et, jusqu'à son retour,
De ton souffle mortel comprime la furie.
　　　Tu sais, si tu connus l'amour,
Que d'un souffle dépend le bonheur de la vie.

　　　« Et toi dont l'esprit est si doux !
　　　Toi que j'aime à nommer mon frère,
　　　Si jamais ta sœur te fut chère,
　　　Zéphyr, protège mon époux.
Si tu rends à mes vœux le héros que j'adore,
Quel encens envers toi m'acquittera jamais !
　　　Heureusement, pour payer tes bienfaits,
　　　　　Il ne faut qu'un baiser de Flore ;
　　　　　Et, quoique tu sois à ses yeux
Plus beau que l'Amour même et plus frais que l'Aurore,
　　　　　Après avoir fait des heureux,
　　　　Tu seras plus aimable encore. »

Éole, s'il eût pu l'entendre, eût sans doute exaucé la prière de sa fille ; mais les noirs Autans, en poursuivant le vaisseau de Céix, emportèrent l'encens et les soupirs d'Alcyone.

Cependant l'Espérance abrégeoit pour elle les heures qu'éternisoit la crainte. L'Espérance, sœur de la Piété, habite avec elle le sanctuaire des im-

---

[1]. Borée, qui enleva Orithye, dont il eut deux enfans, Calaïs et Zéthès.

mortels. Alcyone, les mains chargées d'offrandes, alloit chaque jour la chercher dans le temple de Junon. Mais la reine des dieux, fatiguée d'entendre des vœux impuissans et ne pouvant souffrir qu'un vain espoir fût le prix des sacrifices offerts en son honneur, ordonne à Iris, sa prompte messagère, d'aller détromper la crédule Alcyone.

> Falloit-il la guérir de sa crédulité ?
> Par elle, si souvent, de la félicité
>   Le rapide éclair se prolonge !
>   Quand le bonheur tient au mensonge,
>   Pourquoi dire la vérité !
> Si jamais vous cessiez de m'aimer, mon amie,
> Moi qui jusqu'à la mort compte sur votre cœur,
>   Laissez-moi mon erreur
>   Pour me laisser la vie.

Iris, portée sur l'aile des Songes, pénètre dans l'asile où repose Alcyone, et se présente à sa pensée sous les traits de son époux. Mais ses yeux éteints, son teint livide, ses lèvres décolorées, ses cheveux et ses vêtements souillés de vase et d'écume, annoncent à son épouse quelle est sa destinée. A cette vue, elle pousse un cri, s'éveille, court au rivage, et, d'un œil égaré, cherche sur le lointain des flots l'objet qu'elle tremble d'apercevoir. En vain ses compagnes affligées s'empressent de calmer son effroi. « C'est lui, s'écrioit-elle; c'est son ombre, je l'ai vue, je la vois encore. — Pourquoi, chère Alcyone, pourquoi vous livrer aux prestiges d'un vain songe? Ignorez-vous que les Songes, enfans de l'Erreur, se jouent sans cesse de la crainte et de l'espérance des mortels? Ce qu'ils disent n'est-il pas toujours le contraire de ce qu'ils semblent dire? et, puisqu'ils vous annoncent la perte de Céix, ne sont-ils pas les messagers de son retour? »

Alcyone, saisissant cette consolante idée, essuyoit peu à peu ses larmes, et, d'un air reconnoissant, sourioit à ses compagnes, qui chantoient en cueillant des fleurs :

« Si le bonheur fait les beaux jours,
Ne redoutez plus les orages.
L'essaim fidèle des Amours
Loin de vous chasse les nuages.
Il ramène du haut des cieux
Phœbus vers Téthys attendrie,
Et guide en ces aimables lieux
Le bien-aimé vers son amie.

« De joie et d'espoir bondissans,
Les Tritons et les Néréides
Font retentir de leurs accens
Les échos des plaines liquides.
Les fleurs aux rives d'alentour,
Sur les rochers, dans la prairie,
Naissent pour orner le retour
Du bien-aimé vers son amie.

« Voyez dans le lointain des airs
Ces hirondelles, chaque année,
Venant des bouts de l'univers
Habiter le nid d'hyménée.
Modèles de l'amour constant,
Aux bords chéris de leur patrie
Elles ramènent, en chantant,
Le bien-aimé vers son amie. »

Alcyone, attentive à ces chants qui berçoient sa douleur et ranimoient son espérance, promenoit ses regards rêveurs sur la vaste étendue de la mer unie et tranquille. Un rocher s'élevoit-il dans la vapeur azurée, c'étoit le vaisseau de Céix ; et, si quelque oiseau, si quelque nuage lointain traversoit l'horizon, c'étoit le pavillon ou les voiles du vaisseau.

Au milieu de ces illusions, un objet qui flotte lentement vient fixer sa vue incertaine. Point de mâts, point de voiles. « Ce ne peut être un vaisseau », dit-elle en soupirant. Et soudain son imagination lui trace la forme d'une barque légère, qui, à la faveur du calme, précède et ramène peut-être son époux. Cependant l'objet approche, et peu à peu la barque s'évanouit. Une blancheur terne, des cheveux noirs et flottans, des bras immobiles et étendus, lui présentent par degrés l'image d'un malheureux victime de la tempête. « Infortuné ! dit-elle, que je plains ton épouse ! » Et ses yeux, qu'elle détourne, se reportent involontairement sur cet objet d'horreur et de pitié. Plus le corps approche, plus il attire les regards et glace les sens d'Alcyone, aussi pâle, aussi froide que lui-même. Son époux, ce songe effrayant, ce corps livide, mais majestueux... Quels sinistres rapports ! Cependant elle ose douter encore. L'onde couvre à moitié ses traits... étrangers peut-être. Mais un flot soulève sa tête.

« Céix !... ah ! cher époux !... et vous l'avez permis,
Dieux cruels qu'invoquoit ma crédule tendresse !
Céix ! mon cher Céix ! est-ce là ta promesse ?
Voilà donc ce retour que tu m'avois promis !... »

En prononçant ces mots, étouffés par la douleur, elle s'élance au sommet d'un rocher, dont la voûte menaçante s'avance au-dessus des flots. Tout le peuple attentif la suit d'un œil inquiet, et pousse un cri de terreur en la voyant se précipiter vers son époux. Mais bientôt le silence de l'étonnement étouffe le murmure de la crainte. Des ailes étendues suspendent Alcyone au milieu des airs. D'un vol paisible, elle plane sur le corps inanimé, le couvre de ses caresses, le réchauffe de ses baisers, et, lui communiquant sa nouvelle existence, elle voit du sein des flots s'élever son époux, vêtu, comme elle, d'un plumage nuancé d'or et d'azur.

Sous cette forme nouvelle, échappés à l'ambition et rendus à la nature, ils se retrouvent aux premiers jours de leur hyménée. Leur fidélité se prolonge avec leurs années ; et, quand la vieillesse a détendu les ailes de Céix, Alcyone, aidant encore son époux, le soulève au-dessus des ondes, et soutient sa course en voltigeant à ses côtés.

Éole, touché du sort de sa fille, fit assembler ses enfans, et, après leur avoir sévèrement reproché l'infortune de leur sœur, il les retint sept jours enchaînés dans son palais. Céix, profitant de l'absence de ses ennemis, construisit sur la mer tranquille une demeure flottante, où son épouse fit éclore les premiers gages de leur nouvel hyménée. Tous les ans, sous le règne de Borée, Éole pleure sa fille, bannit ses persécuteurs, et le même exil favorise les mêmes amours.

   Grâce aux immuables décrets
Du dieu qui tient les airs en son pouvoir suprême,
Les Alcyons, objet de ses tendres regrets,
Ont, tous les ans, sept jours de bonheur et de paix.
C'est peu, me direz-vous. C'est beaucoup quand on aime ;
  Et, si des dieux la céleste bonté,
Des rapides instans de ma félicité,
   Des retours de votre tendresse,
   Et des éclairs de notre ivresse,
   Et de ces regards dont le trait
    Pénètre mon âme attendrie,
Et de ces mots touchans que jamais je n'oublie,
Et de tous ces momens où l'amour me distrait

Des amertumes de la vie,
Tous les ans, auprès d'Émilie,
Me composoit sept jours de paix et de bonheur,
Je n'exigerois d'eux, pour dernière faveur,
Que de les ajouter aux jours de mon amie.

LETTRE LXXXIV

HÉRO ET LÉANDRE

Sur les bords de l'Hellespont, au milieu des remparts de Sestos, s'élevoit un temple célèbre, dédié à la mère des Amours.

C'est là qu'une tendre Vestale,
Prêtresse consacrée à la chaste Vénus [1],
Cachoit, en rougissant, ses charmes ingénus
Sous une gaze virginale.
Pour calmer leurs tourmens, quand les jeunes mortels
Venoient par des présens apaiser la déesse,
Leurs offrandes, avant d'arriver aux autels,
Tomboient aux pieds de la prêtresse.

---

1. On adoroit Vénus pudique; Horace l'appelle *Venus decens*.

A ces mots de *chaste Vénus*, il me semble, Émilie, que je vous vois malignement sourire.

> Ce nom peu mérité vous surprendra peut-être :
> Apprenez donc qu'alors on adoroit
> Vénus, non telle qu'elle étoit,
> Mais telle qu'elle devoit être.

Chaque année, au retour du printemps, ses fêtes attiroient à Sestos quelques amans heureux, une foule innombrable d'amans désespérés, et la multitude de ceux que l'amour naissant agite encore entre la crainte et l'espérance.

> Léandre, atteint de cette épidémie
> Qu'à dix-huit ans on se plaît à souffrir,
> Alla prier la reine d'Idalie
> De le soigner, mais non de le guérir.

Le front couronné de myrte, il se présente à la porte du temple, traverse l'assemblée, les yeux baissés, pénètre jusqu'au sanctuaire, et, avec cette timide ferveur qui plaît tant aux déesses, dépose sur l'autel un nid de tourterelles et un vase de parfums. L'adolescent, après une longue et pieuse extase, lève enfin les yeux et croit voir Vénus elle-même qui le regarde, rougit et agrée ses présens.

> Sa méprise étoit naturelle :
> Héro sur Vénus même eût emporté le prix,

Puisqu'elle étoit plus sage et n'étoit pas moins belle.
Tout ce qu'on eût pu dire en faveur de Cypris,
C'est que l'autre Vénus étoit Vénus mortelle.

Mais est-on mortelle à dix-huit ans! Les vœux de Léandre, en s'élevant vers Cythérée, s'égarent sur les pas de sa prêtresse. Retiré à l'écart et cachant son trouble derrière une des colonnes du temple, il admire furtivement, au milieu de la pompe des cérémonies, cette taille élevée, cette démarche majestueuse, ces traits enchanteurs, ce tendre sourire, et ces voiles voluptueux, et les plis de cette robe flottante, que semblent se disputer les Zéphires et les Amours. Oh! si sa main pouvoit toucher cette main divine! s'il obtenoit de ces yeux seulement un regard, de ces lèvres une parole seulement! et si jamais il osoit leur répondre! Mais elle est si belle, et lui si timide!

Pour vous peindre son embarras, rappelez-vous, mon amie, ce premier moment, si redouté et si peu redoutable, où, sans prononcer un seul mot, nous nous dîmes tant et tant de choses! Rappelez-vous ce cabinet, asile de l'étude et des arts, ce désordre du génie, ces tableaux, ces dessins, ces pinceaux épars, et ce demi-jour donnant sur votre figure abattue et sur mon portrait commencé. Je vois encore ce petit ruban jaune, parsemé d'étoiles d'azur, qui s'entrelace dans vos cheveux, autour de votre cou, et noue, sur votre sein, une tunique blanche, dont les plis mystérieux se soulèvent par intervalles. Mes yeux, fixés vers la terre, n'ont osé s'élever jusqu'à vous, et pourtant rien ne leur est échappé. Et vous, dont les regards m'évitent si scrupuleusement, vous avez deviné ma pâleur, mon trouble, mon incertitude mortelle; et votre main, en m'ordonnant foiblement de sortir, semble m'inviter à m'asseoir. Me voilà tout près de vous, me détournant toujours et me rapprochant encore. O mon amie! le pénible silence! Quoi! pas un seul mot sur mes lèvres! et sur les vôtres pas un soupir! Du moins si vos regards... Mais vos larmes vous déroberoient les miennes.

Le lendemain je vous revis, et il me sembla que nous nous étions dit tout ce qu'on peut se dire. Votre front m'offrit ingénument, et ma bouche prit de même le baiser de la confiance; et nos cœurs, ainsi rapprochés, tressaillirent en reconnoissant qu'ils s'étoient rencontrés la veille.

Ces rencontres, quoiqu'elles aient toujours les charmes de la nouveauté, ne sont pourtant pas nouvelles, et surtout à la cour de Cypris. Léandre, dans le temple de la déesse, attendit, vers le déclin du jour, l'heure où le peuple, en s'éloignant, laisse la prêtresse au pied de l'autel solitaire. D'un pas tremblant il pénètre dans l'obscurité du sanctuaire. Héro paroît émue, mais non pas irritée. Elle se détourne, mais elle ne s'éloigne pas; elle se tait, mais sans lui imposer silence; il se tait lui-même; et le lendemain, à la même heure et dans le même lieu, il élève familièrement une voix profane. En vain la prêtresse emploie, pour l'interrompre, les prières, les menaces, et même le geste d'un prompt châtiment.

>   Les menaces d'amour ressemblent aux promesses,
>   Et ses châtimens aux caresses.
>   Chaque non est un oui; chaque larme, un aveu;
>   Et, pour exaucer sa prière,
>   Il faut l'interpréter souvent en sens contraire :
>   Car ce qu'il craint le plus est toujours ce qu'il veut.

« Au nom des dieux, répétoit la prêtresse d'une voix mal assurée, retournez, jeune étranger, aux bords qui vous ont vu naître, quittez un espoir auquel mille obstacles s'opposent :

>   « Ma vertu... — La vertu qui conduit au bonheur
>   Ne peut être un obstacle à celui de vous plaire.
>   — Mais le devoir sacré de mon saint ministère,
>   Et Cythérée et sa rigueur...
>   — Rassurez-vous : la reine de Cythère
>   N'exigera jamais, pour son honneur,
>   Qu'en vouant vos appas aux lois de la pudeur,
>   Chez elle vous fassiez ce qu'elle n'a pu faire.
>   Craignez à tant d'attraits d'unir trop de vertus;
>   Les dieux sont nés jaloux; leur haine est éternelle.
>   C'est beaucoup pour une mortelle
>   D'être aussi belle que Vénus;

C'est trop d'être plus sage qu'elle.
— Mes sévères parens m'ont ordonné ces vœux,
Et ne me permettront jamais de m'y soustraire.
— De quel droit ? Le bonheur n'est-il fait que pour eux ?
Et, si votre père est heureux,
Peut-il vous reprocher d'imiter votre mère ?...
— Léandre, croyez-moi, renonçons à l'espoir
De nous parler et même de nous voir.
J'habite, au bord des flots, une tour solitaire.
Là, je consume mes beaux jours
Sous les lois d'une esclave affidée à mon père.
Son cœur, depuis trente ans délaissé des Amours,
Dort éternellement, ses yeux veillent toujours.
— Et de cette retraite sombre
Garde-t-elle l'entrée ? — Oui. — J'y pénétrerai.
— Mais la mer nous sépare. — Oh ! je la franchirai.
— Si l'on vous voit ?... — La nuit me prêtera son ombre.
— Quoi ! sans guide ? — Et mon cœur ! — Les vents ? — J'ar-
[riverai.
— Mais les écueils, mais la tempête,
La foudre... — Épargneront l'amour ;
Et si, pour vous, ma mort s'apprête,
Je ne mourrai qu'à mon retour. »

En parlant ainsi, leurs mains se sont rencontrées, et déjà se tiennent enchaînées sur l'autel, lorsque l'esclave vient avertir la prêtresse que la nuit la rappelle dans sa demeure. L'amant s'échappe dans l'ombre, et trouve sur les degrés du temple ses amis prêts à s'embarquer pour retourner aux remparts d'Abydos, située sur l'autre rive de l'Hellespont. Léandre les suit à regret, et vogue tristement vers sa patrie, tandis qu'en soupirant Héro regagne lentement sa retraite escarpée.

Déjà les jeunes habitans d'Abydos s'élancent sur le rivage, se dispersent, et vont raconter à leurs familles rassemblées les merveilles et la pompe des fêtes de Sestos. Léandre, seul, assis sur un rocher désert, mesure et dévore en silence l'espace qui le sépare de son amante, et cherche vainement, sur le rivage opposé, cette tour qu'enveloppent déjà les ténèbres.

Cependant le vent s'élève et les astres de la nuit s'obscurcissent. Héro, palpitante d'espoir et de crainte, lève un œil timide vers sa sévère compagne, et lui dit d'un air ingénu :

> « L'Aquilon ramène l'orage.
> Je ne sais quel pressentiment
> Semble m'annoncer le naufrage
> De quelque malheureux amant.
> Je frémis en songeant qu'une épouse craintive,
> Jusqu'au soleil naissant attendant son retour,
> Le trouvera demain étendu sur la rive,
> Ou brisé sur l'écueil qui borde cette tour.
> Vénus aux malheureux veut qu'on soit secourable :
> Sur le haut de la tour allumons un flambeau,
> Peut-être cet astre nouveau
> Sauvera quelque misérable.
> Les dieux nous sauront gré du bien qu'il nous devra,
> Et, tôt ou tard, l'Amour nous le rendra.
> — L'Amour ? lui répondit la vieille courroucée.
> — Hélas ! reprit la jeune, en soupirant tout bas,
> Si je médite un bienfait, ce n'est pas
> Pour en être récompensée ;
> Un sentiment plus pur occupe ma pensée.
> Vous le partagez avec moi :
> Je vous estime et je vous croi
> Le cœur trop délicat, l'âme trop bien placée

> Pour laisser échapper le plaisir d'un bienfait,
> Et d'obliger l'Amour même sans intérêt. »

Lorsque, dans le cœur d'une femme, l'amour est éteint ou endormi, l'amour-propre, dit-on, lui succède, ou plutôt il occupe seul un empire que jusqu'alors il avoit partagé. Moins tendre, mais aussi crédule que son frère, on le gouverne, comme lui, par la flatterie et les caresses. Héro en fit l'heureuse expérience : l'amour-propre de sa surveillante, pour soutenir un éloge qu'elle ne méritoit pas, tyrannisa son caractère, et le dénatura au point de la rendre un instant généreuse. Elle se lève, saisit un flambeau, l'allume, et, d'un pas précipité gravissant tous les degrés de la tour, elle attache entre les créneaux le fanal dont le vent excite et agrandit la flamme; puis, d'un air satisfait, elle revient s'asseoir auprès de la prêtresse, qui lui dit avec l'accent de la reconnoissance : « Si vous saviez combien vous m'êtes chère, et comme la bienfaisance vous rend aimable! Je suis assurée qu'il n'existe pas un seul amant qui, dans cet instant, pût vous voir sans vous aimer. — Sans m'aimer! » répond-elle en rêvant. Heureux prestige de l'imagination! aimable et dangereuse magicienne!

> Elle prête à l'hiver tous les feux du printemps,
> Rend au jour pâlissant tout l'éclat de l'aurore,
> Et par elle, quand l'âge aura glacé mes sens,
> Je croirai vous aimer et le prouver encore.

Tandis que, dans ce triste asile, la jeunesse espère et que la vieillesse rêve l'espérance, au milieu du tumulte des vents et des vagues, un cri perçant se fait entendre... « Ah! s'écrie la vieille en tressaillant, c'est la voix d'un jeune homme! — Croyez-vous? dit Héro, qui l'avoit reconnue avant elle. — Si je le crois! regardez à travers ces grilles, l'apercevez-vous à la lueur de notre flambeau? Il n'est plus qu'à vingt pas du rivage. Voyez comme il franchit les vagues! comme il passe légèrement entre les écueils! comme il aborde au pied de la tour! comme il escalade le rocher qui nous sert de rempart! Quel instinct l'entraîne si rapidement vers notre demeure? On croiroit qu'il vient y chercher... — Du secours, interrompt la prêtresse tremblante; et, puisque vous avez déjà sauvé ses jours, vous ne laisserez pas sa vie en danger, ni votre bienfaisance imparfaite. — Non, non, ma chère fille, reprit vivement la compagne en descendant précipitamment vers le rocher; et je jure par Cupidon de le rendre sain et sauf à son épouse. — Hélas! que l'Amour vous entende! »

A ces mots, tendant au malheureux une main secourable, la surveillante l'introduit dans l'asile de la prêtresse. Léandre, essoufflé de fatigue et palpitant de joie, tend les bras à son amie, interdite et muette comme lui. La vieille, empressée, l'accable de tendres soins, de questions importunes et de réflexions indiscrètes : « Le beau jeune homme! que c'eût été dommage! D'où veniez-vous? où alliez-vous? quel est votre nom? votre âge? quatre lustres au plus? avez-vous encore vos païens? êtes-vous riche? aimez-vous?.... — Oui, s'écrie Léandre en recouvrant la voix. — Et vous aime-t-elle? » Ici Léandre baisse les yeux. « Pourquoi vous taire? ajoute Héro. — Si elle ne m'aime pas... — Il faudroit qu'elle fût bien ingrate. — Et elle ne doit pas l'être, poursuivit l'esclave, car elle est jeune et belle, sans doute? » Léandre, pour toute réponse, regarde son amie. « Sera-t-elle bientôt votre épouse? — Hélas! dit le jeune homme, si le nœud de l'hyménée consiste dans le serment du cœur, j'ai reçu le sien... — Elle est votre épouse, s'écria la prêtresse... — Pas tout à fait encore, interrompit la vieille. Ce serment est-il ancien? — Nous le prononçâmes hier dans le temple et sur l'autel de Vénus. — De Vénus?... Prenez garde, jeune étranger! Connoissez-vous celle devant qui vous parlez? Vous voyez la prêtresse elle-même. A-t-elle reçu vos sermens? (Héro rougit.) Vous a-t-elle engagé le cœur de votre épouse? (Héro baissa les yeux.) Apprenez que sans elle votre hymen ne peut s'accomplir (Héro se couvrit de son voile), et que ce voile et son silence vous accusent d'avoir trahi la vérité. — Il ne l'a point trahie, dit la prêtresse d'une voix troublée. — Eh! comment, hier, assise tout le jour au pied de l'autel, n'ai-je pas été témoin de leurs sermens? — L'univers les ignore. — Dieux vengeurs! un hymen clandestin!

— Eh! qu'importe qu'il soit ignoré sur la terre,
    S'il est avoué par les dieux?
    L'Olympe, hier, du haut des cieux,
Descendit, à ma voix, dans l'ombre du mystère,
Et nous environna de sa divinité.
    C'est sous les yeux de l'antique Cybèle,
    Mère de la Fidélité,
De Junon, qui soutient la constance éternelle,
Et l'ardeur et les soins de la maternité,
De l'austère Pallas, qui donne la sagesse,
De Vesta, dont la flamme épure la tendresse,
De tous les dieux enfin, immortels protecteurs
De la félicité, des vertus et des mœurs,
Que, constant à jamais, à jamais vertueuse,
    Au nom d'Hymen, au nom d'Amour,
    Nous nous jurâmes tour à tour,
Moi de le rendre heureux, lui de me rendre heureuse...
— Vous!... ô crime!... — Telle est la rigueur de mon sort.
L'orgueil du sacerdoce et son joug solitaire
Changeoient mes plus beaux jours en une lente mort.
Pour rompre ces liens, il est vrai que mon père
Me présente un époux, mais quel époux, grands dieux!
Toi qui le connois, toi dont le cœur généreux
    A mes vœux fut toujours propice,
Tu sais que, de l'autel en passant dans ses bras,
    Je n'aurois fait que changer de supplice.
    Si c'est mourir que vivre, hélas!
    Privé d'un objet qu'on adore,
    Vivre pour ce qu'on n'aime pas,
    C'est mourir cent fois plus encore.
Ah! puisqu'aux lois d'un maître il nous faut obéir,

N'est-il pas naturel, au moins, de le choisir?
Et peut-on exiger du devoir d'une fille
Qu'elle enchaîne au hasard et son cœur et sa main?
Trop de soumission compromet son destin
En exposant un jour l'honneur dont elle brille.
Si Vénus n'avoit pas écouté sa famille,
   Auroit-elle épousé Vulcain?
   Et dans le sein d'un bon ménage,
Soumise, par son choix, aux désirs d'un époux
  Plus digne d'elle et moins jaloux,
Ne seroit-elle pas plus heureuse et plus sage?

  « Tu le vois, c'est pour ma vertu
   Que je te presse, te supplie
De céder à mes vœux. Lorsque j'aurai vécu
N'adorant que l'époux dont le cœur m'a choisie,
J'en jure par les dieux, je n'oublîrai jamais
Qu'à tes soins j'aurai dû la pureté, la paix,
   Et l'innocence de ma vie.

« Mais le bonheur se cache et veut être ignoré :
   Sur le mien garde le silence;
Et nous prîrons tous deux l'Amour pour qu'à ton gré
   Sa mère ou lui te récompense. »

J'ignore ce que répondit la confidente, mais je sais que, les jours suivans, elle alluma le flambeau précisément à la même heure; que bientôt même elle s'en fit un devoir et puis une habitude.

Cependant l'hiver approchoit; l'hiver, si doux pour les amans réunis dans un même asile! si cruel pour ceux dont les demeures sont séparées!

Un matin, Héro, triste et pensive, embrassoit son époux en silence et soupiroit en lui cachant ses larmes.

« Tu soupires, ma tendre amie?
— Non. — Qu'as-tu donc? dis-le-moi, je t'en prie!
— Rien. » Or, qui connoît bien le cœur de la beauté,
Et sa discrétion et sa timidité,
   Sait que, sur ses lèvres de roses,
   Rien veut dire beaucoup de choses.

Léandre insista donc, et, à force de prières et de caresses, il obtint enfin cette réponse entrecoupée de sanglots :

   « Si tu conçois combien je t'aime,
   Juge quel est mon désespoir
   Quand je suis réduite moi-même
   A te défendre de me voir !
Mais il le faut ! Borée a fermé la carrière
   Que tu franchissois chaque soir.
Attendons, mon ami, la saison printanière.
Adieu. Séparons-nous ; et, si je te suis chère,
   Pars, je le veux, pars, cher amant;
   Crains, si tu tardes un moment,
   Que je ne veuille le contraire. »

Léandre résiste longtemps. Héro lui reproche sa résistance, prie, presse, ordonne, exige qu'il parte sans différer. Il obéit enfin. « Hélas! dit-elle, il a bientôt obéi ! »

Le soir, soit oubli de l'épouse, soit habitude de la confidente, le flambeau brilloit au sommet de la tour. Léandre, des rives d'Abydos, l'aperçut à travers la vapeur des frimas. Soudain, regardant ce signal comme le rappel de son exil, il vole au rivage; mais les vagues irritées opposent à ses efforts leurs mobiles remparts et leurs gouffres menaçans. La mer se gonfle, les nuages roulent, s'étendent, et le flambeau disparoît. A cette vue, le malheureux amant, se croyant exilé de nouveau, seul, au milieu des ténèbres et du deuil de la nature, gagne, à l'abri d'un rocher, la cabane d'un pêcheur. Là, pour soulager sa douleur, il trace, à la lueur d'une lampe rustique, ses souvenirs et ses regrets. Le pêcheur, au lever du jour, devoit aller à Sestos. Léandre, que le jour n'avoit jamais surpris sur ce rivage, dans les temps mêmes de son bonheur, n'osa, dans le temps de son adversité, concevoir même la pensée d'y voir l'aurore. Un tel excès de délicatesse est admirable sans doute; aussi vaut-il mieux, je crois, l'admirer que l'imiter.

> A l'amour trop souvent le scrupule est funeste.
> Je sais qu'en l'esquivant, pour un tel procédé
> A toute outrance on est grondé,
> Maltraité, chassé; mais on reste.

L'amant scrupuleux demeura sur le rivage, et, après avoir couvert sa lettre de baisers, il la ferma et la remit au passager.

Héro, depuis un jour solitaire et déjà repentante, aperçoit la barque du haut de sa tour, et vole vers la rive, en remerciant intérieurement son ami de sa désobéissance. Oh! comme elle va se plaindre et le récompenser de sa témérité! Mais, en arrivant, elle n'aperçoit qu'un matelot, chargé pour elle d'un billet qu'il lui présente. « Hélas! dit-elle en regardant tristement la barque, il pouvoit venir, et il écrit! » Cependant elle ouvre la lettre et lit, en essuyant ses pleurs :

« L'Aquilon gronde sur ma tête;
Chargés d'écume et de frimas,
Les flots mugissent sous mes pas,
Mais mon cœur franchit la tempête.
En vain Borée et les Autans
Nous poursuivent dans les ténèbres;
Malgré l'ombre et leurs cris funèbres,
Je te vois, et toi, tu m'entends.

« Elle m'est à jamais présente
Cette silencieuse nuit
Où vers toi je nageai sans bruit
Sur la mer calme et transparente.
De Phœbé la pâle clarté
Blanchissoit l'onde et le rivage,
Là j'entrevoyois ton visage,
Ta robe et ton voile argenté.

« Toi-même, non loin de la rive,
Dès que tu pus me découvrir,
Vers moi je te vis accourir,
D'amour palpitante et craintive.
Déjà les flots couvrent tes pieds,
Bientôt ils gagnent ta ceinture;
Mais j'arrive, je te rassure,
Et tes genoux seuls sont mouillés.

« Dans ta demeure solitaire,
Près de ton feu tous deux assis,
De mes cheveux, de mes habits,
Tes mains expriment l'onde amère.
Quel souper ! quels doux entretiens !
Que de baisers sur notre bouche,
Que de volupté sur ta couche !
Que de fois !... Mais tu t'en souviens.

« Réduit sombre, adorable asile,
Petit foyer, lit amoureux,
Sièges, coussins voluptueux,
Lampe obscure, alcôve tranquille,
Jusqu'au moment de mon retour,
Au doux objet de ma tendresse
Retracez mes feux, mon ivresse
Et les songes de notre amour. »

Pendant cette lecture, Héro avoit plus d'une fois pâli de dépit et rougi de souvenir. En proie aux sentimens confus qui l'agitent, elle referme la lettre, l'ouvre encore, la relit, et d'une main égarée trace rapidement sa réponse :

« D'un inconnu j'ai reçu ton message.
Je crois te voir luttant contre l'orage.
J'accours, je vole,... et c'est un étranger !
Et vous m'aimez ! vous ?... mes feux, mes alarmes,
Mon abandon, mon désespoir, mes larmes,
Tu ne vois rien ; et tu vois le danger !

« Quand ma raison t'interdit ma présence,
Mon cœur, croyant supporter ton absence,
Bravoit un mal qu'il ne connoissoit pas.

Il est affreux ! il m'obsède, il me tue ;
Et de langueur ton amante abattue
Meurt en baisant la trace de tes pas.

« Quand vous quittez celle qui vous fut chère,
Les jeux, les arts, les honneurs et la guerre
Viennent remplir le vide tour à tour.
Vous rêvez peu ; mais une pauvre fille,
En maniant les fuseaux et l'aiguille,
Rêve sans cesse et ne rêve qu'amour.

« Cruel ! pourquoi retracer à mon âme
Et nos transports, et mes feux, et ta flamme ?
En parle-t-on quand on peut les sentir ?
Pour te borner à peindre notre ivresse,
Attends, ingrat, attends que la vieillesse
Nous ait tous deux réduits au souvenir.

« Sortant des flots de la mer écumante,
Comme il est doux, auprès de son amante,
D'entendre au loin la tempête mugir !
De recevoir un baiser pour l'orage,
Deux pour la crainte, autant pour le courage,
Vingt pour la peine et cent pour le plaisir !

« Ah ! si l'honneur, si la pudeur austère,
N'avoient besoin des ombres du mystère,
Comme déjà j'aurois volé vers toi !
Mais toi qui peux te passer de son ombre,
Que tardes-tu ?... Non,... dès que la nuit sombre
Aura couvert le rivage, attends-moi. »

« Que je t'attende ! » répétoit Léandre en frémissant de dépit et d'effroi ; et déjà la nuit déployoit ses voiles, et le fidèle flambeau brilloit sur le haut de la tour. L'impétueux amant s'élance au milieu des vagues, lutte avec effort contre elles, les surmonte et s'éloigne du rivage.

Héro, fidèle à sa promesse, se dispose à partir; mais la tempête s'oppose à son passage, et sa compagne, embrassant ses genoux, l'arrête au bord des abîmes qui s'ouvrent pour l'engloutir. Cependant les vents soufflent, le flambeau s'éteint, la mer s'élève, et le désespoir de la jeune épouse s'accroît avec l'orage.

« Grands dieux! s'écrioit-elle, éplorée, éperdue,
Moi qui jamais n'attendis vainement
Les promesses de mon amant,
Serai-je donc par lui vainement attendue! »

Telles furent ses plaintes jusqu'au retour de l'aurore. Alors sa compagne, la voyant pâle et immobile, prit l'abattement de la douleur pour le calme du repos, et crut pouvoir elle-même se livrer au sommeil. Mais à son réveil sa maîtresse étoit disparue. Elle la cherche vainement, l'appelle d'une voix tremblante, et, pressant ses pas tardifs, elle arrive au sommet de la tour. Là, parcourant d'un regard inquiet la mer et ses rivages, au pied d'un rocher, entre les roseaux, elle aperçoit quelques vêtemens, et reconnoît le voile de la prêtresse; elle y vole et la trouve pâle et tiède encore sur le corps livide et glacé de son amant.

En voyant moissonner, à peine en son printemps,
Ce couple que l'amour enivroit de ses charmes,
   Ses yeux desséchés par le temps
   Retrouvèrent encor des larmes.

Le lendemain, les habitans de Sestos, en longs habits de deuil, se rassemblèrent sur le rivage. La douleur y réunit tous les époux qui sentoient le prix du bonheur d'aimer, et les vieillards et les adolescens qui soupiroient ou de n'aimer déjà plus ou de n'aimer pas encore. Leurs mains, après avoir couvert de fleurs et de parfums ces deux victimes de l'amour et de la fidélité, les déposèrent au pied de la tour, dans un même tombeau ; et ce dieu, qui m'inspire quand je vous écris, mon amie, leur dicta ces vers, qu'ils tracèrent sur un marbre de Paros :

Amans, puissent les dieux vous réserver le sort
Des fidèles époux que ce tombeau rassemble !
   Ils s'aimèrent jusqu'à la mort,
Périrent l'un pour l'autre, et reposent ensemble.

LETTRE LXXXV

JOURNÉE MYTHOLOGIQUE

Vous souvient-il, mon aimable amie, de tous ces instans de gaieté scientifique où, pour nous rappeler nos vieilles lectures, nous prêtons aux moindres personnages et aux plus petites actions de nos contemporains le nom des héros les plus fameux et des événemens les plus mémorables de l'antiquité? Une jeune fille passe-t-elle un réchaud à la main, c'est une vestale, peut-être, portant le feu sacré. Une autre nous offre-t-elle des pains et des gâteaux, c'est une jeune prêtresse présentant les corbeilles de Cérès. Cette beauté matérielle qui marche entre deux guerriers est la belle Cléopâtre qui trompe César, trahit Antoine, et périra victime d'un serpent caché sous les fleurs.

Ainsi, dans ces entretiens où la gaieté rend l'esprit indulgent, où tout ce qui fait rire est bien, la Folie, parodiant l'auguste antiquité, égaye bien ou mal ce que nous appelons nos Journées historiques.

Or, pour nous rappeler également une partie des personnages et des événemens fabuleux, j'ai projeté ce matin de passer avec vous une journée mythologique, composée des événemens les plus simples. Vous allez vous éveiller; nous descendrons au jardin, nous dînerons, puis nous traverserons la ville pour aller dans la campagne. A notre retour nous causerons, vous me direz bonsoir, et je m'en irai seul !

Rien de plus commun que ces détails; mais, entourés des prestiges de la Fable, ils vont prendre une teinte de sentiment et de grâce, quelquefois même un appareil de grandeur et de dignité.

Voici le jour, commençons :

Déjà la Nuit tranquille, en repliant ses voiles
      Parsemés d'azur et d'étoiles,
D'un vol silencieux plane vers les enfers.
Lucifer la poursuit, et la naissante Aurore
      En souriant promet à l'univers
Le beau jour, les plaisirs, les feux qui vont éclore.
Mais, si jeune, auroit-elle éprouvé des malheurs ?
      Pourquoi ses larmes sur la terre
Viennent-elles baigner le calice des fleurs ?
Ah ! la source en est pure et doit plaire aux bons cœurs.
Dans leur cristal mouvant reconnoissez les pleurs
D'une fille annonçant le retour de son père...
Que dis-je ! sur le lin vos charmes étendus
Pressent en ce moment la plume de Cycnus ;
Cependant que Phœbus, dans sa vaste carrière,
S'avance en conquérant, et, d'un trait radieux
Perçant autour de vous les voiles du mystère,
Effarouche Morphée. Il s'enfuit, et vos yeux,
Libres de ses pavots, s'ouvrent à la lumière.

La pudeur aussitôt vous offre un vêtement
Dont la simplicité forme votre parure.

Comus tresse légèrement
Les trésors ondoyans de votre chevelure.
L'Amour frappe à la porte : elle s'ouvre à moitié ;
Mais il n'ose entrer seul. Je prends sa main tremblante ;
　　　Il me suit ; je vous le présente
　　　Comme frère de l'Amitié.

En admirant vos traits, ce dieu voudroit encore
　　　Qu'un bouquet ornât votre sein,
Et l'heure du repas vous appelle au jardin :
Visitons les trésors de Pomone et de Flore.

Minerve m'a donné ces jeunes oliviers.
Ce sont des rejetons de l'olivier d'Athène.
Cette vigne est un don que le joyeux Silène
M'apporta sur son âne, escorté des guerriers
Qui, du vainqueur de l'Inde adorant les merveilles,
Après avoir goûté le doux nectar des treilles,
　　　Se rendirent tous prisonniers.

Quel peuple intéressant habite cette enceinte !
Le jeune Cyparis, sur cette urne incliné,
A ses pieds voit Zéphyr caresser Hyacinthe,
Et Narcisse y fleurit à l'ombre de Daphné.
Ajax respire ici sous la fleur azurée
Qui retrace son nom. Là, Clytie éplorée,
Vers le char du Soleil se tournant lentement,
Oppose ses rayons à ceux de son amant.
L'anémone a fleuri, la rose vient d'éclore ;
L'innocente rougeur dont elle se colore
Est le sang de Vénus versé pour Adonis.
Leur sang et leur destin dans ces lieux sont unis :
Vénus rougit la rose, Adonis l'anémone.

Mais quelle est cette vieille apportant un panier ?
C'est sans doute Vertumne. Il vous prend pour Pomone.
　　　Fuyons ; je dois me défier
De ses discours flatteurs et de son imposture.

Il approche... Ah ! je me rassure :
C'est la femme du jardinier.
Elle vient nous offrir les trésors de l'automne
Dans l'osier couronné des pampres de Bacchus ;
Les gâteaux de Cérès, la grappe d'Érigone,
La pomme de Pâris, la pêche de Vénus,
La mûre de Thisbé, le fruit qu'aux Hespérides
    Le héros de Thèbe enleva,
Avec les pommes d'or, dont l'attrait captiva
    D'Atalante les pas rapides.
Ce fruit n'a rien perdu de son charme fatal.
Atalante fuit-elle, Hippomène lui jette
    La pomme d'or, elle s'arrête.
Il l'atteint ; je l'ai vu dans le Palais-Royal.
Mais l'art captive ici les fleurs et la verdure ;
Allons dans la campagne admirer la nature,
Et, sur ces gonds forgés par l'époux de Vénus,
Ouvrons cette cloison consacrée à Janus.
Fions-nous à ses soins, mais fermons la serrure.

Saluons, en sortant, ces dieux Termes postés
Pour protéger nos murs et nos propriétés.
Hélas ! ces dieux trop bons, pour prix de leurs services,
Se laissent entourer d'étranges sacrifices !
Évitons leur encens. Devant ce forgeron,
    Quel est ce rustre armé d'un gros bâton,
    Qui montre l'ours ? C'est Mercure lui-même
        Qui chante au bruit du marteau,
        Et fait danser Calisto
        Pour amuser Polyphème.

    C'est encor lui sur ce tréteau :
Le voilà médecin à quatre sous par tête.
« Quels mortels insensés voudroient à si bas prix
Ne pas avoir la fièvre afin d'être guéris ?
C'est un marché tout d'or ! » On écoute, on s'arrête.
« Il descend de voiture et repart aujourd'hui,
Hippocrate vers nous l'envoie en ambassade ;

Lettres à Émilie. III.

Mais il expédie !... Avec lui,
C'est un plaisir d'être malade.
Son remède est universel :
C'est le chef-d'œuvre d'Esculape.
Jeune ou vieux, qui le prend le jour même en réchappe,
Ou meurt... Mais, dans ce cas, la volonté du Ciel. »
N'en risquons pas l'épreuve, et gagnons la campagne;
Mais au bout du faubourg, près de ce cabaret,
Quel est ce chanteur aigre, armé d'un maigre archet,
Raclant un violon qui grince et l'accompagne ?
Approchons ; c'est peut-être Apollon déguisé.
Apollon ! C'est lui-même. Un chansonnier de place !
Oui, le peuple rimeur a métamorphosé
En chansonnier du coin le maître du Parnasse.

Voyez sur le rivage errer ce long troupeau.
    Le taureau poursuit la génisse,
Le ravisseur d'Europe aime la jeune Io.
Près d'eux, je vois brouter les compagnons d'Ulysse.
La baguette à la main, un jeune pastoureau,
    Affublé d'un petit manteau,
Les suit sur son baudet qui trotte à l'aventure.
    Le berger chante, et l'âne, à chaque pas,
    Marche à côté de la mesure.
Vous riez ? C'est encore Apollon ou Mercure
    Grimpé sur le roi Midas.

    Au sein de ce lac immobile,
    Qui peint le ciel et les oiseaux,
    Vous ne voyez qu'une eau tranquille ;
    Moi, j'aperçois sous les roseaux
    Une Naïade fugitive
    Qui vous dit, d'une voix craintive :
    « Sur ma fougère viens t'asseoir.
    Mes joncs, mes saules, ma verdure.
    Couronneront ta chevelure,
    Et mon sein sera ton miroir. »
Hâtons-nous de fouler cette mousse légère.

Le jour pâlit ; Phœbus voile son front serein ;
Des Autans orageux le murmure lointain
    Aux Zéphyrs déclare la guerre ;
Leur essaim prend la fuite, et la pluie, à grands flots,
De cercles redoublés va sillonner les eaux.

    Les Hyades pleurent leur frère
Qu'un monstre dévorant ravit à leur amour.
Le roi des cieux, touché de leur douleur amère,
En vain les transporta dans son brillant séjour ;
Les consolations qu'on reçoit à la cour
    Jusques au cœur n'arrivent guère.
Mettons-nous à l'abri sous ce feuillage épais,
Et de ce bosquet sombre invoquons la Dryade.
L'orage continue ? Entrons chez l'Oréade
    Qui préside à cet antre frais.
Cependant la nuit vient ; l'éclair part, le ciel gronde.
Sur ses vieux fondemens qui fait trembler le monde ?

Au moment où Vulcain, des forges de Lemnos,
    Apporte la foudre à son père,
Mars vient prendre congé, car il part pour la guerre.
Jupin, qui veut flatter et gagner le héros,
Le fait entrer au bruit de son nouveau tonnerre.
Tout l'Olympe s'assemble, et, tandis qu'en leurs coins
    Les tristes Hyades gémissent,
Jupiter parle, tonne, et les dieux applaudissent
    D'autant plus qu'ils entendent moins.
L'allégresse fermente et les cieux retentissent
D'un murmure confus ; les courtisans jamais
    Ne se taisent quand ils jouissent.
Éole et ses enfans d'allégresse frémissent ;
Écho redit leur joie aux antres des forêts.
Ainsi, ce qui chez nous produit une tempête,
    Dans l'Olympe n'est qu'une fête.
    Ce n'est pas la première fois
Que la terre a payé les fêtes de ses rois.

Mais le jour reparoît. Éole se retire ;
Il emmène les Aquilons,
Et ne laisse que le Zéphire
Pour relever les fleurs et sécher les moissons.

Voyez-vous l'écharpe d'Iris
De mille couleurs nuancée ?
La déesse voyage, et sa course, tracée
En demi-cercle, aboutit chez Téthys.
Elle descend au palais d'Amphitrite,
De la part de Junon à la fête l'invite.
Amphitrite est malade et ne peut y venir.
Elle engage Neptune à faire le voyage ;
Le bon Neptune part. Phœbus, dans un nuage,
Descend chez la malade, afin de la guérir :
Car il est, comme on sait, dieu de la médecine.
Son char à l'horizon baisse, et le jour décline ..
Mais sur ce chapitre laissons
Les commentaires inutiles.
La nuit vient ; rejoignons nos Pénates tranquilles,
Nos dieux Lares et nos tisons.
Emprisonnons les Vents dans cette outre élastique,
Et qu'en s'échappant de son sein,
De leur souffle irritant ils excitent Vulcain
A dévorer ce chêne antique
Qui couvrit les amours de Faune et de Sylvain.

Voici l'heure où Thalie et Colin sur la scène,
Dans un riant miroir, nous montrent nos défauts.
Irons-nous contempler leurs magiques tableaux ?
Irons-nous admirer Racine et Melpomène ?
Ou bien, sur ce théâtre où les Arts réunis
Obéissent ensemble à la voix du Génie,
Applaudirons-nous Gluck, Sacchini, Polymnie,
Vestris et Terpsichore, Amphion et Laïs ?
Non ; le pasteur qui chante au milieu de la plaine,
La bergère qui rêve en tournant son fuseau,

Charment mieux vos loisirs. Eh bien ! chez Érato
      Nous verrons Favart et Sedaine;
Et, pour assaisonner ce plaisir innocent,
Et joindre au sentiment une gaîté facile,
Chez Momus et Barré nous prendrons, en passant,
    Un grain de sel au Vaudeville.

Mais l'esprit, la gaîté, valent-ils les soupirs,
Les doux épanchemens de deux amis fidèles ?
Demeurons ; l'Amitié concentre ses plaisirs.
C'est pour les vrais amis que le Temps a des ailes;
Et déjà sur l'émail où l'Art sut mesurer
      Le cercle de notre existence,
      L'airain mobile qui s'avance
Marque l'instant fatal qui va nous séparer.
Ah ! du moins que ce front, au nom de l'Innocence,
Avant de m'exiler de cet aimable lieu,
M'accorde seulement un baiser pour adieu.
Adieu ! que le Sommeil, que la Paix, le Silence,
Règnent jusques au jour dans cet asile... Adieu !
Des Songes près de vous que la troupe empressée
Rassemble les Amours et les Plaisirs... Adieu !...
Qu'en apportant aux fleurs la vie et la rosée,
L'Aurore vous revoie encor plus fraîche... Adieu !...
Adieu, charme, bonheur, délices de ma vie !
Adieu, ma bonne sœur et ma plus tendre amie...
    Émilie ! encore un adieu !

TABLE

DU TOME TROISIÈME

CINQUIÈME PARTIE

	Pages
A Émilie	1
Lettre LIX. — Les Enfers	5
Lettre LX. — Caron	11
Lettre LXI. — Pyrame et Thisbé	23
Lettre LXII. — Pluton	32
Lettre LXIII. — Les Parques	36
Lettre LXIV. — Plutus	41
Lettre LXV. — La Fortune, le Destin, Némésis	44
Lettre LXVI. — Le Tartare	50
Lettre LXVII. — Les Furies	64
Lettre LXVIII. — Hécate	68
Lettre LXIX. — Minos, Éacus et Rhadamante. Europe	72
Lettre LXX. — Mercure, Salmacis et Hermaphrodite	81
Lettre LXXI. — La Métempsycose	93
Lettre LXXII. — Les Champs-Élysées	97
Épilogue	101

SIXIÈME PARTIE

                                                  Pages

A Émilie 103
LETTRE LXXIII. — L'Océan, les Néréides 105
LETTRE LXXIV. — Neptune, Laomédon 111
LETTRE LXXV. — Amphitrite, Arion. 121
LETTRE LXXVI. — Voyage à Cythère 134
LETTRE LXXVII. — Vénilie, Thoossa, Amymone. . 150
LETTRE LXXVIII. — Polyphème, Acis et Galathée. . 156
LETTRE LXXIX. — Divinités des bois, des prairies, etc. 168
LETTRE LXXX. — Triton, Nérée et Doris. Ino et Mélicerte. Protée 174
LETTRE LXXXI. — Glaucus et Scylla 179
LETTRE LXXXII. — Circé. Les Sirènes. 182
LETTRE LXXXIII. — Céix et Alcyone. 189
LETTRE LXXXIV. — Héro et Léandre. 203
LETTRE LXXXV. — Journée mythologique. 212

TABLE GÉNÉRALE
ALPHABÉTIQUE

Les chiffres romains indiquent le volume, et les chiffres arabes les pages.

Achéron, fleuve des enfers. III, 8.

Actéon, changé en cerf pour avoir vu Diane au bain. I, 56.

Adonis. Sa naissance. I, 193. — Il est aimé de Vénus. 195. — Sa mort. 202. — Il est aimé de Proserpine. 205. — Les deux déesses rivales obtiennent qu'il passe six mois sur la terre et six mois dans l'Élysée. 207.

Alceste, ramenée des enfers par Hercule. III, 7.

Alcyone et Céix. Leur bonheur. III, 189. — Ambition de Céix, qui prend le nom de Jupiter. 191. — Malheur d'Alcyone et de Céix. 201.

Amalthée (la chèvre), nourrice de Jupiter. Jupiter la change en constellation. I, 22.

Amitié. Son culte tombé en désuétude. II, 178. — Ses attributs, ses vêtemens. 179.

Amour. Sa naissance, son éducation, ses traits, son caractère. II, 4. — Ses ailes. 10. — Deux amours. 13. —

Opinions diverses sur son origine. 14. — Ses caprices. 15. — Il est présenté à Jupiter. 19.

AMPHITRITE, fille de Doris et de l'Océan. Elle est aimée de Neptune. III, 122. — Neptune la fait enlever par deux dauphins. 123.

ANDROGÉE, assassiné par les habitans de Mégare et d'Athènes. Suites de cet attentat. II, 32.

ANDROGYNE, formé de Salmacis et d'Hermaphrodite. III, 89.

APOLLON, dieu des beaux-arts. Sa naissance. I, 62. — Il est présenté à la cour céleste. 65. — Il apprend la mort d'Esculape, son élève et son fils, frappé de la foudre par Jupiter. Il pénètre dans les antres de Vulcain, et perce de ses traits les Cyclopes qui forgeoient la foudre. Il est chassé de l'Olympe. Il est réduit à garder les troupeaux d'Admète. Il fait éclore les arts. Il invente la lyre. 67. — Les murs de Troie s'élèvent au son de cet instrument. 68. — Il voit Daphné, l'aime et la poursuit pendant une année. 69. — Il tue le serpent Python. On institue en son honneur les jeux Pythiens. Il est rappelé dans l'Olympe. 108. — Les pasteurs de la Grèce lui élèvent des temples. 110. — Son culte. 111. — Ses attributs. 112. — Il devient l'amant de Vénus. 183. — Il descend secrètement dans l'île de Rhodes avec Vénus. 185. — Il quitte Vénus pour Amphitrite. 191. Il travaille aux murs de Troie. III, 112.

ARGUS. Ses cent yeux. Chargé par Junon de garder Io changée en vache. I, 38. — Il est endormi par Mercure, qui lui crève les yeux et le tue. 39.

ARIANE, rencontrée par Bacchus dans l'île de Naxos. II, 29. — Elle lui raconte ses infortunes. 31. — Elle sauve Thésée, et l'emmène dans l'île de Naxos. 35. — Thésée l'abandonne. Elle devient l'épouse de Bacchus. 38.

ARION. Sa naissance. Il parcourt la Sicile et l'Italie. III, 128. — Il s'embarque à Tarente pour retourner dans sa patrie. 129. — Jeté dans la mer par les matelots de son vaisseau, il est sauvé par les dauphins. 130. — Il paye ce bienfait d'ingratitude, et laisse expirer sur le sable le dauphin qui l'avoit apporté. 131.

ARRACHION. Sa mort en combattant aux jeux Olympiques. I, 29.

ASCALAPHE, changé en hibou par Cérès. I, 53.

ASTÉRIE, jeune vestale aimée de Jupiter. I, 60. — Tombe dans la mer en fuyant. 61.

AURORE. Son origine, ses fonctions. II, 94. — Amante de Tithon, mère de Memnon. 96. — Elle aime Céphale. 99. — Elle enlève Orion. 104.

AVERNE. III, 6.

BACCHANTES, prêtresses de Bacchus. II, 70.

BACCHUS. Son origine. Il est confié aux nymphes; élevé par Silène. II, 20. — Ses conquêtes. 24. — Il épouse Ariane. 38. — Il aime Érigone, 41. — Il va visiter Proserpine. 44. — Fêtes de Bacchus. 67. — Rapprochement de Moïse et de Bacchus. 73.

BATTUS, changé en pierre de touche. III, 83.

BÉROÉ, nourrice de Sémélé, dont Junon prit la forme pour lui donner de perfides conseils. II, 21.

BOLINA, jeune nymphe poursuivie par Apollon, se jette dans la mer. I, 80.

BRIARÉE, l'un des Titans qui veulent escalader le ciel. I, 9.

CALISTO, nymphe de Diane. Changée en ourse, après avoir mis au monde Arcas. I, 56.

CALOMNIE, divinité infernale. III, 31.

CANENTE, femme de Picus, changée en voix. II, 115.

CARON, nautonier des enfers. III, 11.

CASSANDRE, fille de Priam, aimée d'Apollon. I, 83. — Obtient de lui le don de deviner. 84.

CEINTURE de Vénus. I, 153.

CÉPHALE, aimé de l'Aurore, tue Procris, son épouse. II, 103.

CERBÈRE, gardien des enfers. III, 22.

CÉRÈS, fille du Ciel et de Vesta. I, 15. — Son culte. 50. — Ses attributs. 51.

CHIONÉ, nymphe de Diane. Percée de flèches par Diane. I, 57.

CIEL (le), le plus ancien des dieux. I, 8.

CIRCÉ. Sa naissance, son mariage, ses crimes. III, 182. — Elle préserve Ulysse de l'enchantement des Sirènes. 184.

CLYTIE et LEUCOTHOÉ (deux sœurs), aimées d'Apollon. I, 72. — Leur histoire. 74.

COCYTE, fleuve des enfers. III, 50.

COMÉTHO, amante de Mélanippe. III, 70.

CORONIS, aimée et tuée par Apollon. III, 51.

CORYBANTES, prêtres de Jupiter. S'entre-frappent avec des boucliers d'airain pour empêcher Saturne et Titan d'entendre les cris de Jupiter. I, 21.

COURONNE d'Ariane, changée par Bacchus en constellation. II, 38.

CUPIDON. Voyez AMOUR.

CYBÈLE, la même que Vesta, la même que la Terre. I, 12.

CYBÈLE, épouse de Saturne, la même que Rhée, belle-fille de l'ancienne Cybèle. I, 12.

CYCLOPES, fils du Ciel et de la Terre. Noms des principaux. Leurs occupations. I, 159.

CYNISQUE, fille d'Archidamas, la première qui remporte le prix de la course des chars aux jeux Olympiques. I, 28.

CYPARIS, ami d'Apollon. I, 79. — Changé en cyprès. 81.

Dactyle, sorte de danse inventée par les Corybantes. I, 21.

Dactyles, cinq frères qui établirent les jeux Olympiques. I, 30.

Danaïdes. Leur crime, leur supplice. III, 57.

Daphné, aimée d'Apollon. I, 67. — Changée en laurier. 70.

Dauphins, confidens de Neptune. III, 123. — Transportés au ciel et changés en constellation par Neptune. 128.

Déionée, attiré par Ixion dans une fournaise ardente. III, 52.

Délos, île flottante, reçoit Latone, qui y donne naissance à Apollon et à Diane. I, 61.

Destin. Son caractère, ses lois. III, 46.

Deucalion et Pyrrha. I, 127.

Diane. Sa naissance. I, 62. — Son principal temple à Éphèse. Les habitans de la Tauride lui sacrifient des victimes humaines. 57.

Diète, médecin de l'Amour. II, 167.

Discorde. Histoire de la pomme fatale. II, 46.

Discorde, fille de la Nuit; ses traits, son caractère. III, 29.

Dodone, forêt où étaient un célèbre temple de Jupiter et un oracle fameux. I, 24.

Doris, fille de l'Océan. III, 108. — Ses enfans. 177.

Douleur, sœur ainée de la Mélancolie. III, 31.

Éacus, l'un des trois juges infernaux. III, 73.

Écho, nymphe éprise de Narcisse. II, 130.

Égine, aimée de Jupiter, qui la rend mère d'Éacus. III, 78.

Égyptiens (les), adoroient des animaux, des plantes, et pourquoi. I, 9.

Encelade, l'un des Titans qui entreprennent d'escalader le ciel. I, 9. — Enseveli sous le mont Etna. 22.

Endymion, jeune pasteur des environs d'Héraclée. Aimé de Diane. I, 58.

Eous, Æthon, Phlégon, Pyroïs, chevaux du Soleil. II, 95.

Épaphus, fils de Jupiter et de la nymphe Io, conteste à Phaéthon son illustre origine. I, 135.

Épiméthée, frère de Prométhée, ouvre la boîte fatale. III, 61.

Érichthon. Sa naissance. Inventeur des chars. I, 162.

Érigone, séduite par Bacchus. Sa mort, sa métamorphose. II, 42.

Esculape, fils et élève d'Apollon, exerce la médecine sur la terre. Il ressuscite les morts, et Jupiter le frappe de la foudre. I, 66.

Euménides, surnom des Furies. III, 65.

Europe, enlevée par Jupiter, donne le jour à Minos. III, 74.

Fantase, divinité nocturne, fille du Sommeil. II, 153.

Fauna, sœur et épouse de Faune, père des Faunes. II, 116.

Féronie, divinité champêtre. Prodige sur le mont Soracte. II, 111.

Fidélité, la même que la Bonne Foi. II, 181.

Flore. Son origine, son apothéose ; épouse de Zéphyre. II, 109.

Fortune. Son portrait, ses attributs, son culte. III, 44.

Fraude, divinité infernale. III, 30.

Fureur, divinité des enfers. III, 33.

Furies. Leur caractère. Furies blanches, ou *Euménides;* Furies noires, ou *Érinnydes.* III, 65.

Gallus, changé en coq par Mars. I, 208.

Glaucus et Scylla. III, 179. — Scylla est métamorphosée en monstre par Circé. 183.

Graces, compagnes de Vénus. II, 61. — Leur origine, leur temple, leur culte, leurs lois. 75.

Haine, divinité infernale. III, 33.

Hamadryades, Dryades, Napées. II, 109.

Harpocrates, dieu du Silence. II, 142.

Hébé. Sa naissance. Son emploi. I, 40.
Elle voyage avec l'Amour. II, 16.

Hécate. Son triple pouvoir, son culte. III, 70.

Hécube, épouse de Priam et mère de Pâris. II, 47.

Hercule tue Laomédon après avoir délivré Hésione. III, 114.

Hermaphrodite. Son origine, sa métamorphose. III, 88.

Héro et Léandre. III, 203.

Hésione, délivrée par Hercule. III, 114.

Heures. Elles se chargent de l'éducation de Vénus. I, 141.

Hyacinthe, ami d'Apollon. Tué par lui en jouant au disque. Son sang produit la fleur qui porte son nom. I, 78.

Hyades, nymphes qui nourrirent Bacchus, et furent changées en la constellation de ce nom, qui est placée sur le front du Taureau. II, 23.

Hymen. I, 169. — Son caractère, sa figure. 170. — Son temple. 171.

Hypermnestre, l'une des Danaïdes, sauve la vie à Lyncée, son époux. Fêtes en son honneur. III, 58.

Hypocrisie. III, 33.

Icarius, père d'Érigone. Sa mort; jeux Icariens. II, 41.

Ino et Mélicerte. Leurs malheurs. III, 177.

Io, aimée par Jupiter. Changée par lui en vache. Gardée par Argus. I, 38. — Fuit en Égypte, où elle reprend sa première forme sous le nom d'Isis. 39.

Iris, confidente et messagère de Junon. I, 42.

Ixion. Son crime; il est absous. Son indiscrétion; il est puni. III, 52.

Janus, roi des Latins, accueille Saturne chassé du ciel. I, 17. — Reçoit de Saturne le don de connoître le passé et de prédire l'avenir. Pour cette raison, représenté avec deux visages. I, 19.

Janvier; ce mois était consacré à Janus. I, 19.

Junon, fille de Saturne. I, 16. — Ses attributs, son culte. 41.

Jupiter, fils de Saturne. Sa naissance. I, 16. — Il est élevé dans l'île de Crète. Il échappe à Titan. 17. — Il foudroie seul tous ses ennemis. 22. — Il épouse Junon, sa sœur. 23. — Ses divers noms. 24.

Lampadophories : courses établies en l'honneur de Vulcain. I, 163.

Larves, âmes des scélérats morts. III, 35.

Latone, jeune vestale aimée de Jupiter. I, 60. — Elle devient mère. Junon suscite contre elle le serpent Python. 61. — Elle met au monde Diane et Apollon dans l'île de Délos. 62.

Lemnos. Les habitans de cette île négligent le culte de Vénus. Leur punition. II, 64.

Léthé, fleuve d'oubli. III, 99.

Lupercales, fêtes célébrées en l'honneur de Junon. I, 42.

Lycaon, roi d'Arcadie. Changé en loup par Jupiter. I, 23.

Lyncée, sauvé par Hypermnestre. III, 58.

Maïa, mère de Mercure. III, 81.

Manes. Plusieurs Mânes. Libations et sacrifices en leur honneur. III, 35.

Mars. Son cortège. Il se présente à Vénus, dont il devient amoureux. I, 165. — Jupiter le fait partir pour combattre les Titans, afin de l'éloigner de Vénus. 175. — Il revient couvert de lauriers, et apprend la mésintelligence qui règne entre Vulcain et Vénus; il est mal reçu. 200. — Il se change en sanglier, et tue Adonis. 202. — Il est surpris avec Vénus par Vulcain. Se sauve dans les montagnes de la Thrace. 208.

Marsyas, musicien qui avoit trouvé la flûte de Minerve. Défie Apollon. I, 92. — Il est vaincu et écorché vif. 96.

Méduse, la plus belle des trois Gorgones, outragée par Neptune. I, 45.

Mélancolie, sœur de la Tristesse. III, 31.

Mélanippe. Voyez Cométho.

Mélisses, premier nom des abeilles. II, 113.

Memnon, fils de l'Aurore. Sa mort. Statue de Memnon. II, 96.

Ménades, prêtresses de Bacchus. II, 70.

Mensonge, divinité infernale. III, 30.

Méra, chienne d'Icarius, changée en constellation. II, 43.

Mercure confie Bacchus aux soins des nymphes de Nysa. II, 23.

Son caractère, son exil, son rappel, ses occupations, son culte, etc. III, 81.

Merveilles du monde. Leur nombre, et leur description. I, 188.

Lettres à Émilie. III. 31

Midas, roi de Lydie, I, 97. — Ses oreilles d'âne, et pourquoi. 99. — S'enfuit à la cour de Bacchus. Obtient le privilège de changer en or tout ce qu'il toucheroit. 101.

Minerve. Sa naissance. I, 43. — Ses attributs. 45. — Son culte. 46.

Minos, roi de Crète, juge des enfers. III, 73.

Moïse et Bacchus, comparés. II, 73.

Morphée, fils aîné du Sommeil. II, 153.

Mort, favorite de Pluton, ses traits, son caractère. III, 34.

Muses. Leur rencontre avec Apollon. I, 87. — Elles forment une académie. 88. — Défiées par les filles de Piérus, qui leur disputent en vain le prix du chant. 126.

Muta, déesse du Silence. II, 142.

Myrmidons, nouveau peuple du bon roi Éacus. III, 80.

Myrrha, mère d'Adonis. I, 194.

Naïades, premières prêtresses de Bacchus. II, 69.

Narcisse, aimé de la nymphe Écho. II, 133. — Il devient épris de lui-même. 134. — Il meurt et est changé en fleur. 135.

Nécessité, compagne de la Mort. III, 46.

Némésis, fille de la Nécessité, déesse de la Justice et de la Vengeance. III, 47.

Neptune. Sa mère Cybèle, en mettant un cheval à sa place, le soustrait à la voracité de son père Saturne, qui avoit l'habitude de dévorer ses enfans. III, 111. — Il est chassé du ciel et travaille chez Laomédon à rebâtir les murs de Troie. 112. — Laomédon lui refuse le salaire convenu; il inonde les champs troyens et suscite un monstre marin qui ravage cette contrée. 114. — Il frappe la terre de son trident, et en fait sortir le cheval. Ses fêtes à Rome. 115. — Ses différens surnoms. 119. — Il aime Amphitrite et l'épouse. 122. — Vénus donne aux nouveaux époux une

fête dans sa ville de Cythère. Description de cette fête. 134.
— Amphitrite et Neptune se fixent à Cythère. 150. — Inconstance de Neptune et ses voyages à la nouvelle Cythère. 151.

Nérée, fils de l'Océan, épouse sa sœur Doris. III, 108. — Ses talens. 175.

Niobé, fille de Tantale. I, 63. — Préfère ses enfans à ceux de Latone. Ses fils, ses filles et son époux tués sous ses yeux, par Diane et Apollon. Changée en marbre. 64.

Nuit, fille du Chaos. Ses attributs. III, 29.

Nysus, roi de Mégare, trahi par sa fille et changé en épervier. II, 33.

Océan. Sa naissance, son mariage, ses enfans. Son abdication en faveur des fils de Saturne, son frère. III, 105.

Œnone, épouse du berger Pâris. II, 51.

Olympiques (Jeux), comparés à nos anciens tournois. I, 27. — Les différens exercices qui les composoient. 28. — Établis par cinq frères nommés Dactyles. 30. — Les femmes, pendant longtemps, en sont exclues sous peine de la vie. 27. — Elles y sont admises, et pourquoi. 28. — Athlètes qui s'y distinguèrent le plus. Leur histoire. 32.

Oréades, nymphes des montagnes. II, 112.

Orion. Sa naissance. II, 104. — Il est aimé de l'Aurore et de Diane, et changé en constellation. 105.

Orphée et Eurydice. III, 8.

Palès, déesse protectrice des troupeaux et des prairies. II, 112.

Pallas, la même que Minerve déesse des combats. I, 43.

Pan. Son origine incertaine. II, 125. — Il aime Syrinx et la nymphe Pitys. 126. — Écho lui préfère Narcisse. 130. — Son caractère, son culte. Terreur panique 136.

Pandore. Son origine, boîte de Pandore. III, 61.

Paris, fils de Priam, exposé, en naissant, sur le mont Ida; élevé par les pasteurs. II, 49. — Il épouse Œnone, et revient à la cour de Priam. 51. — Jugement de Pâris. 54.

Parques. Leurs fonctions. Chaque mortel a sa Parque. III, 36.

Pasiphaé, mère du Minotaure. III, 77.

Pégase, cheval ailé, né du sang de Méduse. Fait jaillir l'Hippocrène. I, 90.

Pélops, fils de Tantale. III, 56.

Pénia, déesse de la Pauvreté, selon quelques-uns, mère de Cupidon. II, 14.

Péristère, changée en colombe par l'Amour. II, 12.

Perséis, fille de l'Océan, aimée d'Apollon, et mère de Circé. I, 79.

Peur, divinité, fille de la Nuit; son temple. III, 29.

Phaéthon, fils d'Apollon. I, 134. — Il demande à son père de monter sur son char. 135. — Il est précipité dans l'Eridan par Jupiter. 138.

Philosophie, ce qu'elle étoit autrefois. I, 120. — En quoi on la fait consister maintenant. 121.

Phlégéthon, fleuve des enfers. III, 50.

Phlégyas, père de Coronis, venge la mort de sa fille. Son supplice dans les enfers. III, 51.

Phobétor, fils du Sommeil. II, 153.

Picus, aïeul des Sylvains, changé en pivert. II, 115.

Piérides, filles de Piérus, changées en pies par les Muses. I, 129.

Pitys, aimée du dieu Pan, changée en pin. II, 129.

Pluton, dieu des enfers. Ses traits, ses attributs, son caractère. III, 32. — Sa cour, ses surnoms, son culte. 33.

Plutus, dieu des richesses. Son origine, ses attributs; aveugle comme la Fortune. III, 41.

Polyphème. Sa naissance. III, 152. — Description de ce géant. 156.— Il aime Galathée. 157. — Il surprend Acis dans les bras de Galathée. 162.— Il surprend sur le rivage Ulysse et ses compagnons jetés par la tempête sur les côtes de la Sicile. 163. — Il est rendu aveugle par Ulysse, et comment. 164. — Il est tué par Apollon. 167.

Pomone, déesse des fruits, épouse de Vertumne. II, 120.

Porus, dieu de l'abondance, père de Cupidon, selon quelques mythologues. II, 14.

Priape, fils de Vénus et de Bacchus. II, 118.

Printemps. Son cortège, son culte, son origine. II, 108.

Procris. Voyez Céphale.

Prométhée dérobe le feu céleste, et échappe à la vengeance de Jupiter, qui ensuite le fait enchaîner sur le mont Caucase. III, 59.

Proserpine. Sa naissance. I, 48. — Enlevée par Pluton. 51.

Elle est aimée de Bacchus, le retient trois ans aux enfers. II, 44.

Reine des enfers. III, 32.

Protée, fils de l'Océan et de Téthys. III, 178.

Pyrame et Thisbé. III, 24.

Pyrénée, tyran de la Phocide, veut faire violence aux Muses. I, 130.

Pythiens (jeux), institués en l'honneur d'Apollon, à peu près semblables aux jeux Olympiques. I, 108.

Python (le serpent). Sa naissance. I, 107. — Apollon le combat, et le fait expirer sous ses traits. 108.

Querculanes, nymphes protectrices des chênes. II, 114.

Rameau d'or, avec lequel on fléchissoit Proserpine. III, 5.

REPENTIR. III, 31.

RHADAMANTE, l'un des trois juges infernaux. III, 73.

RHÉE, fille du Ciel et de Vesta, épouse Saturne et prend le nom de Cybèle. I, 15.

ROMULUS bâtit un temple en l'honneur de Janus. I, 19.

SAGES de la Grèce. I, 118.

SALMONÉE. Son orgueil, son supplice. III, 55.

SAPHO, amante de Phaon ; sa mort. II, 65.

SATURNALES, fêtes célébrées en l'honneur de Saturne. I, 18.

SATURNE, fils du Ciel et de Vesta, épouse Rhée. I, 15. — Il accepte le trône que lui cède Titan. 16. — Titan le détrône ensuite et l'enferme dans le Tartare avec Cybèle ; il est rétabli sur le trône par Jupiter ; il dresse des embûches à son libérateur, qui, en étant instruit, le chasse de l'Olympe : il fuit en Italie. 17.

SATYRES. II, 109.

SCYLLA. Voyez NYSUS.

SÉMÉLÉ, séduite par Jupiter. Trahie par Junon. II, 21. — Sa mort. 23.

SIBYLLE, ou PYTHONISSE, rendoit à Delphes ses oracles sur un trépied couvert de la peau du serpent Python. I, 117.

SIBYLLE de Cumes, aimée par Apollon. I, 81. — Obtient de lui le don d'une très longue vie. 83.

SILÈNE, gouverneur de Bacchus. II, 23.

SIRÈNES, filles du fleuve Achéloüs et de la muse Calliope. III, 184. — Elles sont admises, à cause de leurs talens, dans la société de Proserpine. Elles disputent aux Muses le prix du chant ; elles sont vaincues et punies de leur audace. 185. — Leurs chants attirent les Argonautes. Elles se précipitent dans la mer avec leurs instrumens. 186.

SISYPHE, brigand mis à mort par Thésée. III, 56.

Sommeil. Description de son palais. II, 151.

Stellio, changé par Cérès en lézard. I, 52.

Styx, fleuve des enfers. III, 9.

Syrinx. Voyez Pan.

Tantale. Son crime, son supplice aux enfers. III, 56.

Tartare, séjour des âmes criminelles. III, 6.

Terme. Son caractère, son culte. II, 119.

Téthys, sœur et épouse de l'Océan. III, 105.

Thémis, déesse de la Justice. I, 206.

Thésée, vainqueur du Minotaure, épouse Ariane et l'abandonne. II, 37.

Thétis et Pélée. Leurs noces. II, 18.

Thétis, l'une des Néréides. Elle est aimée d'Apollon, Neptune et Jupiter. III, 172. — Elle leur préfère Pélée, simple mortel. 173.

Thyades, prêtresses de Bacchus. II, 70.

Tirésias, devenu aveugle pour avoir vu Minerve au bain. I, 45.

Titan, fils aîné du Ciel et de Vesta, héritier présomptif du trône; il le cède à Saturne; il découvre la naissance de Jupiter, assemble une armée, marche contre Saturne, et le fait prisonnier ainsi que Cybèle. I, 15.

Tithon, époux de l'Aurore. I, 197.

Tityus, attente à l'honneur de Latone. III, 59.

Trahison, fille et compagne de la Nuit. III, 33.

Trépied d'or, offert successivement aux sept Sages de la Grèce, et refusé par tous. I, 118.

Triptolème. Cérès lui enseigne l'agriculture. I, 52.

Tristesse, sœur aînée de la Mélancolie. III, 31.

Triton. Sa naissance, ses talens. III, 174.

TYPHÉE, l'un des Titans qui veulent escalader le Ciel. I, 9.

ULYSSE, roi d'Ithaque jeté par la tempête sur les côtes de la Sicile. III, 163.

VENGEANCE, divinité habitante des enfers. III, 33.

VÉNUS, fille de l'Océan, s'élève du sein des flots. I, 140. — Conduite par Zéphire, dans l'île de Chypre, où elle est élevée par les Heures. 141. — Son instruction. 143. — Elle est demandée à la cour céleste. 151. — La cour céleste est assemblée lorsque Vénus se présente. 155. — Jalousie des autres déesses. 156. — Elle est couronnée par Jupiter. 157. — Elle épouse Vulcain. 174. — Elle est l'amante d'Apollon 184. — Elle descend avec lui dans l'île de Rhodes. 185.. — Apollon l'abandonne. 191. — Elle devient éprise d'Adonis. 193. — Elle remonte à l'Olympe. Elle apprend la mort d'Adonis, et redescend dans l'île de Rhodes. 202. — Elle lui fait élever un temple. 204.

Elle obtient la pomme. II, 56. — Son culte, ses temples, ses fêtes. 58. — Vénus *céleste*. Vénus *modeste*. 61. — Vénus *nuptiale*. 63. — Vénus *populaire*. 62. — Offrandes à Vénus. 63.

VERTUMNE. — Voyez POMONE.

VESTA. Elle épouse le Ciel. I, 12.

VICTOIRE, fille de Styx. Ses attributs. III, 9. — Découvre à Jupiter la conjuration des Titans. 10.

VOLUPTÉ, fille de l'Amour et de Psyché. Définition de la VOLUPTÉ. II, 176.

VULCAIN. Sa naissance. I, 39. — Il court à l'Olympe, et se plaint de ce qu'Apollon venoit de percer les Cyclopes de ses traits. 67. — Fils de Jupiter, qui le précipite du ciel, d'où il arrive dans l'île de Lemnos. 159. — Il forge les foudres de Jupiter, qui, en reconnoissance, l'accueille dans son palais. 160. — Il demande Minerve en mariage. 161.

— Il est fait dieu du feu. Ses attributs. 162. — Il devient amoureux de Vénus. 164. — Son mariage avec elle. 174.

Zéphire, jaloux d'Hyacinthe, cause sa mort. I, 78.

Fils d'Éole et de l'Aurore, époux de Flore et père du Printemps. II, 109.

Imprimé par Jouaust et Sigaux

POUR LA

BIBLIOTHÈQUE DES DAMES

NOVEMBRE 1883

BIBLIOTHÈQUE DES DAMES

Cette collection a pour but de réunir les ouvrages qui doivent le plus spécialement plaire aux Dames, et former pour elles, à côté des grands classiques, dont elles ne doivent pas se désintéresser, une bibliothèque intime où elles pourront trouver un délassement à des lectures plus sérieuses. Comme la *Bibliothèque des Dames* ne comprendra que des ouvrages empruntés aux bons écrivains français, elle s'adresse également aux hommes, parmi lesquels elle ne pourra manquer de trouver un grand nombre d'amateurs.

Cette collection est imprimée avec le luxe et l'élégance que commandent les personnes à qui elle est destinée. Chaque volume, enfermé dans une gracieuse couverture imprimée en deux couleurs, est orné d'un frontispice gravé à l'eau-forte. — Le tirage en est à petit nombre sur papier de Hollande; il y a aussi des exemplaires sur *papier de Chine* et sur *papier Whatman*.

EN VENTE

Le Mérite des Femmes, par G. Legouvé, avec préface et appendice d'E. Legouvé . . . . 6 fr.

La Princesse de Clèves, de Mme de La Fayette, avec préface par M. de Lescure, 1 vol. . . . . 8 fr.

Les Contes des Fées, de Mme d'Aulnoy, avec préface par M. de Lescure, 2 vol. . . . . 15 fr.

Poésies de Madame Des Houllières, avec préface par M. de Lescure, 1 vol. . . . . 7 fr.

La Vie de Marianne, de Marivaux, avec préface par M. de Lescure, 3 vol. . . . . 21 fr.

Œuvres morales de la Marquise de Lambert, avec préface par M. de Lescure, 1 vol. 7 50

Souvenirs de Madame de Caylus, avec notice par Jules Soury, 1 vol. . . . . 7 fr.

Sous presse : *Mémoires de Madame Roland.*

En préparation : Divers Ouvrages d'éducation, Contes, Romans, Mémoires, Correspondances, etc.

Décembre 1883.

www.ingramcontent.com/pod-product-compliance
Lightning Source LLC
Chambersburg PA
CBHW070643170426
43200CB00010B/2113